海洋水动力工程研究论丛

Research and Application of Breakwater Construction Technology for Foreign Power Plant under Long Period Wave

长周期波浪作用下涉外电厂防波堤工程建设技术研究及应用

戈龙仔 陈汉宝 杨会利 张 维 著

人民交通出版社股份有限公司
China Communications Press Co.,Ltd.

内 容 提 要

本书介绍了在“一带一路”海外港口投资项目中几个典型电厂防波堤工程建设实例，阐述了在设计、科研和施工技术等方面的科研成果，主要包括：波浪、水文等资料收集与实测；数据特征分析，利用基础数据，建立适用于长周期、强浪条件下的数值模型，推算出工程位置防波堤处外海波浪要素，优化防波堤方案设计；利用物理模型试验研究技术，结合工程实际环境，提出一整套适用于长周期、强浪条件下的防波堤施工新技术，为防波堤建设、防护提供基础数据和技术指导，并针对典型工程所研究的技术路线和基本方法进行概括和总结，供其他类似工程科研项目参考。

本书适合从事波浪与防护建筑物相互作用工程研究的科研人员和港口、海岸及近岸工程专业高校学生学习参考。

图书在版编目(CIP)数据

长周期波浪作用下涉外电厂防波堤工程建设技术研究及应用/戈龙仔等著. —北京：人民交通出版社股份有限公司，2021.3

ISBN 978-7-114-16726-3

Ⅰ.①长… Ⅱ.①戈… Ⅲ.①发电厂—防波堤—研究 Ⅳ.①U656.2

中国版本图书馆 CIP 数据核字(2020)第 126927 号

海洋水动力工程研究论丛

书　　名：长周期波浪作用下涉外电厂防波堤工程建设技术研究及应用

著 作 者：戈龙仔　陈汉宝　杨会利　张　维

责任编辑：崔　建

责任校对：孙国靖　宋佳时

责任印制：张　凯

出版发行：人民交通出版社股份有限公司

地　　址：(100011)北京市朝阳区安定门外外馆斜街 3 号

网　　址：http://www.ccpcl.com.cn

销售电话：(010)59757973

总 经 销：人民交通出版社股份有限公司发行部

经　　销：各地新华书店

印　　刷：北京虎彩文化传播有限公司

开　　本：720×960　1/16

印　　张：12.25

字　　数：220 千

版　　次：2021 年 3 月　第 1 版

印　　次：2021 年 3 月　第 1 次印刷

书　　号：ISBN 978-7-114-16726-3

定　　价：59.00 元

编 委 会

著 作 者： 戈龙仔　陈汉宝　杨会利　张　维

参与人员： 刘海源　刘　针　耿宝磊　曹玉芬　孟祥玮

张慈珩　谭忠华　徐亚男　栾英妮　周志博

彭　程　管　宁　赵　旭　高　峰

前　言

2013年,中国国家主席习近平在印度尼西亚国会发表重要演讲,强调东南亚地区自古以来就是"海上丝绸之路"的重要枢纽,中国愿同东盟国家加强海上合作,使用好中国政府设立的中国—东盟海上合作基金,发展好海洋合作伙伴关系,共同建设21世纪"海上丝绸之路"。自此之后,21世纪海上丝绸之路成为中国推动的一项重要议程。2015年,在国务院授权下,国家发展改革委、外交部和商务部联合发布了《推动共建丝绸之路经济带和21世纪海上丝绸之路的愿景与行动》,明确界定了21世纪海上丝绸之路的重点方向是从中国沿海港口过南海到印度洋,延伸至欧洲;从中国沿海港口过南海到南太平洋。在具体建设上,强调以重点港口为节点,共同建设通畅安全高效的运输大通道。目前"国内产能过剩,中国基础建设需要走出去,而且在新的全球化分工体系中,中国基础建设在人力、物力和财力方面都具有优势",对此"一带一路"倡议的深化和推进为我国水运工程施工建设企业带来了难得的发展机遇。一方面,"21世纪海上丝绸之路"的沿线国家大多是发展中国家,有着强烈的发展愿望和内在的发展动力。而中国企业在水运工程建设方面积累的优势,有利于我国水运工程建设施工企业在国际竞争中实现快速发展。另一方面,"21世纪海上丝绸之路"跨越了东盟、南亚、西亚、北非、欧洲等各大地区,国家分布范围广,大部分地区发展程度不高,自然条件与我国相似,尤其是印度洋北部和非洲东海岸等地区,常年受到长周期、强浪的影响,波浪条件十分恶劣且更为复杂,传统的施工方法或工程措施已不再适用,因此很多新的技术难题亟须研究和解决。

随着国际化步伐的加快,我国港口工程海外市场逐年扩大,目前我国港工设计和施工单位通过十多年的海外市场开拓和发展,已完成十多个受印度洋涌浪控制为主的工程项目,积累了宝贵的实测数据和经验。例如东南亚印度洋沿岸、西非大西洋沿岸以及南美太平洋沿岸,其中印度尼西亚的印度洋沿岸尤为特殊,鉴于目前国际、国内有关长周期波及其与港口建筑物相互作用的研究成果少,使得长周期、强浪海域建港的一些关键技术问题尚未解决,设计中如何考虑长周期、强浪的影响成为这些港口项目设计的技术关键点和技术难点。在设计和施工过程中都遇到了不少技术问题,因此研究长周期、强浪海域的建港技术不仅对于依托工程建设以及完善相关规范规定具有重要意义,而且对于港口工程技术的发展有积极的促进作用。

针对"一带一路"海外港口投资项目中几个典型电厂防波堤工程建设实例,本书概括和总结了其在设计、科研和施工技术等方面的科研成果。本书共分为7章,较系统论述了印度洋水文气象条件和泥沙运移特征,工程海区的潮汐和潮流特征、波浪的年分布规律,以及根据印度洋常年长周期强浪的特殊条件,创新了设计方法和施工工艺,提出了一整套适用于印度洋强浪条件下的防波堤设计施工方法,可供其他类似工程科研项目参考。

本书的出版得到了同事和领导的帮助和支持,在此表示衷心的感谢!由于长周期波浪传播破碎复杂性和随机性,对防护建筑物作用不仅限于书中所述,因此非常有必要回访已建成的港口工程、跟踪在建的港口工程,建立完整的预报结果和原型观测数据库,调整与优化数值模拟参数,提高物理模型试验手段,进一步完善防波堤建设施工技术等工作。限于作者的学识及写作水平,书中错误和疏漏之处在所难免,请读者不吝赐教。

作者于天津滨海新区

2017年10月29日

目　录

第1章　绪　　论

1.1　研究背景及现状

随着“一带一路”倡议的提出，作为“一带一路”倡议的重要节点，港口在“一带一路”建设中有着举足轻重的作用，扮演着“先行官”的角色。中国的港口货物吞吐量和集装箱吞吐量已连续十余年位居世界第一，在国内港口快速发展、港口贸易的支撑下，中国企业不断完善港口标准化体系，提升全产业链服务能力，积累港口建设、投资、经营实力，积极投入到“一带一路”建设当中。

“一带一路”倡议提出以来，中国港口企业“走出去”的步伐变得更加扎实，成绩显著增多。如今，中国港口工程建设企业、勘察规划设计企业、港口机械制造企业等在“一带一路”沿线国家港口建设中均占有一席之地。据统计，中国企业已参与了“一带一路”沿线13个国家、20个港口的经营，港口合作项目不断落地生根。值得一提的是，在“一带一路”倡议下，中国港口企业的发展不仅带来了自身经济效益的提升，也为港口项目所在国带去了实实在在的好处。随着中国企业在海外港口建设中本地化发展的深入推进，大量当地人力资源得到使用，带动了当地就业，受到了投资所在国的欢迎。同时，在建设过程中，中国企业积极贡献中国港口发展经验，推广中国模式、中国标准，“授人以鱼”的同时也“授之以渔”。而在港口建设完成后，这些海港则对当地经济乃至所在国发展起到了巨大的推动作用。

目前“国内产能过剩，中国基础建设需要走出去。而且在新的全球化分工体系中，中国基础建设在人力、物力和财力方面都具有优势”，对此，“一带一路”倡议的深化和推进为我国水运工程施工建设企业带来了难得的发展机遇。一方面，“21世纪海上丝绸之路”的沿线国家大多是发展中国家，有着强烈的发展愿望和内在的发展动力。而中国企业在水运工程建设方面积累了大量的优势资源，有利于我国水运工程建设施工企业在国际竞争中实现快速发展。另一方面，“21世纪海上丝绸之路”跨越了东盟、南亚、西亚、北非、欧洲等各大地区，国家分布范围广，大部分地区发展程度不高，自然条件与我国相似，尤其是印度洋北部和非洲东海岸等地区，常年受到长周期涌浪的影响，波浪条件十分恶劣且更为复杂，传统的施工方法或工程措施已不再适用,因此很多新的技术难题亟须研究和解决。为满足"21世纪海上丝绸之路"沿线国家的电力需求,近十年来,交通运输部天津水运工程科学研究所先后完成了印度尼西亚、马来西亚、巴基斯坦、越南、柬埔寨、孟加拉国等多个国家数十座滨海火电厂配套水工工程关键技术研究。印度尼西亚是中国东盟最大的贸易伙伴,作为"一带一路"倡议的重要节点,也是中国海外港口项目的主要所在地。根据相关报道,印度尼西亚政府为打造海洋强国,计划于2015—2019年投资699万亿印尼盾(约合574亿美元)实施"海上高速公路"建设规划,在全国兴建24个国际性商业港口、新建1481个非商业性港口。

随着国际化步伐的加快,我国港口工程海外市场逐年扩大。在防波堤建设过程中,经常遇到周期长、波能大的恶劣建港条件,与国内传统的防波堤建设条件存在很大差异。一般国内防波堤施工海域波浪周期通常在10s以下,采用国内正常、成熟的施工工艺和进度安排即可,整个工程的进度和造价基本上与采用定额计算相差10%左右。而印度洋及地中海等海域常年遭受10~20s涌浪作用,且波能大,对防波堤破坏性极大。长波涌浪在近岸浅水区中的传递特性与一般风浪有着明显的巨大差异。涌浪是远处的风或已经过去的风所引起的波浪,与风浪不同,涌浪不是强制波而是自由波;与风浪相比,涌浪具有较规则的外形,波列比较整齐,波峰线较长,波面较平滑,比较接近于正弦波的形状。在传播过程中,涌浪由于受空气阻力和海水的内摩擦作用以及波动能量被散布,随着传播距离的增加,涌浪能量和波高不断减小。但在传播过程中,涌浪的外观周期不断增大。随着周期的增大,波长和波速也相应增大。破碎将产生巨大能量,给破碎带内建筑物以及水工结构施工带来困难和挑战。另外,在施工工艺和工程造价方面,其与国内传统工程和定额计算费用相差较大。

对此,为中国水运工程建设施工企业在国外港口项目投资日益增长的过程中,能够快速准确计算工程投资额,避免后期的索赔和亏损,维护企业利益提供技术指导,本书结合作者参与的印度尼西亚多个防波堤建设的研究工作,从中选择3个典型工程研究成果进行了总结和分析。具体为:工程之一,Cilacap一期电厂海工防波堤破坏修复工程,通过试验研究得出在长周期、强浪作用下的防波堤破坏机理,提出了防护方案,成功应用于工程,可为类似工程提供参考;工程之二,Pacitan(2×315MW)火电项目配套码头新建工程,工程在施工期遇到包括施工条件、材料来源,施工工序,人员和进出口仪器设备等问题,通过现场调查和试验研究手段,总结出一套波浪预报、水陆结合的有效施工方案,为项目顺利竣工提供了技术指导;工程之三,Adipala电厂海工防波堤工程,基于上述典型工程一和工程二的成功经验,利用全球海浪预报模拟技术和物理模型试验防护技术,对施工期波浪提前预报、对设计方案物理模型试验进行论证,为项目提前竣工提供了基础数据和技术指导,也为后期全面进入印度尼西亚市场提供了保障。总结上述工程的研究成果,对波浪预测监测与现场施工经验结合,掌握了印度洋海域波浪变化规律。通过分析长周期环境条件下防波堤施工面临的难题,提出了防波堤施工的专有模式,改进传统的防波堤施工工艺,得出了在印度洋环境条件下防波堤施工最经济有效的新模式。

长周期波对防波堤稳定性的影响研究有,法国中央水力实验室迈松-阿尔福的研究表明周期为 10 ~ 12s 的"倒塌"型破碎波波能最集中,破坏力最大;柳玉良等的研究揭示了波周期对斜坡防波堤护面块体的影响规律,即在波高相同的条件下,波陡为1/25时波浪对护面块体的稳定最不利。

对于长周期波数值模拟计算,《港口与航道水文规范》(JTS 145—2015)中,设计波浪要素是根据每年的最大波高及对应周期进行统计分析得到的,忽略了波高较小但周期较长的波浪,因此设计周期可能偏小。长周期波浪不同于一般风浪及短周期涌浪,通常波高不高,但周期与波长较长,波速较大,在水平方向上能量较大并极具穿透性,能够穿透可透浪防波堤而对港内水动力环境产生极大影响,对港口建筑物的破坏力极大。

由此可见,结合具体工程实例对长周期波浪进行研究是十分必要的,对实际的港口工程设计具有一定的指导和参考价值。随着大型开敞式码头、防波堤及深水护岸越来越多,长周期波对这些水工结构安全的影响也愈加突出。在长周期波浪条件下,重新认识防波堤设计所采用的波浪要素,具有实际的工程应用价值,也可为港口建设与安全运营提出参考意见。

1.2 研究的意义及内容

本书研究的意义为基于交通运输部天津水运工程科学研究所参与的防波堤工程设计、试验研究分析,以及施工等各专题工作,提炼和总结出一套适用于长周期波浪作用条件下的防波堤建设技术,可为中国水运工程建设施工企业在国外港口项目投资日益增长的过程中,能够快速准确计算工程投资额,避免后期的索赔和亏损,维护企业利益等提供技术指导。

本书主要包括如下几部分:

(1)进行现场水动力条件的测量与资料收集,分析总结,得出印度洋印度尼西亚南岸的水文气象条件和泥沙运移特征,掌握工程海区的潮汐和潮流特征、波浪的年分布规律以及泥沙来源与运动特征,为工程的设计施工提供基础性依据。

(2)利用实测数据,建立适用于长周期条件下的波浪数学模型,推求工程位置防波堤处外海波浪要素;结合本工程建设方案,推求防波堤、码头、进出水口及护岸设计波浪,校核码头泊稳条件,优化防波堤口门位置、防波堤长度及港区布置,为设计提供科学根据。

(3)利用数学模型推算边界条件,采用小比尺的物理模型试验手段,对所提出的防波堤设计和施工方案进行论证和优化评估,为设计和施工提供技术指导。

(4)利用数学模型推算得出的边界条件,利用物理模型试验研究技术手段,论证3个典型工程防波堤设计方案,优化平面布置,为长周期、强浪条件下的防波堤建设提供基础数据和理论指导。

(5)针对3个典型工程,结合所得的研究成果,提出一整套适应于印度洋强浪条件下的防波堤设计施工方法,包括主要设计控制点、断面优化、强浪下水上抛填、防波堤堤头临时防护和施工期泥沙减淤等技术。

通过对3个典型工程研究成果的总结和梳理,得出长周期、强浪条件下的防波堤建设技术和工程应用,可供其他类似工程科研项目参考。

第2章 自然条件

“一带一路”海外港口投资项目中3个典型项目Pacitan(2×315MW)火电项目、Cilacap一期电厂防波堤修复工程项目、Adipala电厂海工防波堤工程项目均位于印度洋南岸。印度尼西亚地跨赤道,位于北纬10°至南纬10°之间,主要由苏门答腊、爪哇、加里曼丹和苏拉维西等众多岛屿组成,是全世界最大的群岛国家,海岸线长3.5万km,受海洋的影响显著。其中,北侧面向太平洋一侧由于受外岛链的掩护动力相对较弱,多以淤泥质海岸、红树林海岸为主。而南侧至西南侧海岸面向印度洋的一侧以砂质海岸为主,由于缺乏大陆及岛屿的掩护,相对开敞,常年受印度洋涌浪直接作用,波浪较强、近岸破波带较宽广、波周期较长,且近岸潮差小、水流动力弱,常年以波浪动力作用为主,涌浪控制海岸的动力特征显著,其沿海也是地震海啸的主要受灾区域。

印度洋海域广阔,面积大约有半个地球,跨越了南半球的所有风带,而在印度洋上很少有大面积的岛屿或陆地,因此,其波浪成长充分,与我国沿海地区的风浪不同,环印度洋地区常年处于大波高、长周期的强浪条件作用。以下分别针对3个项目所处的气候条件进行分析。

2.1 气候特征

印度尼西亚气候有4个特征,即温度高、雨量大、风力小、湿度大,是典型的热带雨林气候。

年平均气温为25~27℃,温差很小,无寒暑季节变化。

年平均降水量在2000mm以上,如项目所在地Pacitan、Adipala、Cilacap的年降雨量超过3000mm,每年分旱季、雨季。由于印度尼西亚地处亚洲和澳洲两个大陆之间,其气候受到这两个大陆季风的影响,两季一般是从11月到第二年的4月,这时亚洲大陆进入冬季,气压高;澳洲进入夏季,气压低,高气压流向低气压,风从亚洲大陆吹到印度尼西亚,形成西北季风,这种风经过辽阔的海洋,吸收了许多水分,吹到印度尼西亚就经常下雨,是为雨季;5~10月是旱季,这时亚洲进入夏季,澳洲进入冬季,季风改从澳洲吹向印度尼西亚,形成东南季风,这种风比较干燥,吹到印度尼西亚就很少下雨，是为旱季。

风力不大，很少有暴风，也没有台风，根据 Cilacap 气象站 1988—2006 年的风玫瑰图，该地区的常风向和强风向都为偏东南向，从记录来看，无风天的时间占据了 35.97%，没有记录的时间为 3.15%，最大风速为 38kn(19.55m/s)，相当于我国 8 级大风的风速。

2.2 波浪动力

根据 3 个地区的工程实测资料，波高超过 1.3m 和 2.0m 的出现频率如图 2-1 所示。从图中可以看出，印度洋环境下每月均会出现高 2m 以上的大浪，5 ~ 9 月受季风的影响，表现特别突出，出现 2 ~ 3m 波高波浪的天数达 70% 以上，1 ~ 4 月及 11 ~ 12 月出现 2 ~ 3m 波高波浪的天数仍维持在 20% ~ 30% 的比例。

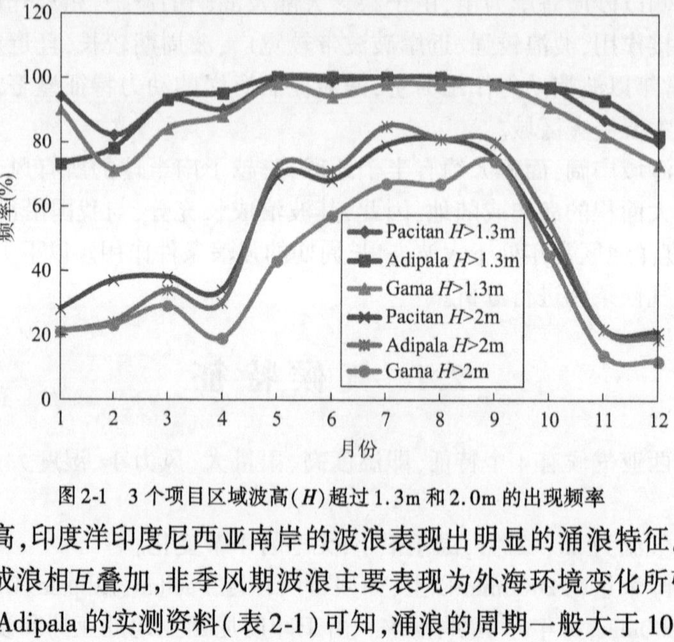

图 2-1　3 个项目区域波高(H)超过 1.3m 和 2.0m 的出现频率

除了波高，印度洋印度尼西亚南岸的波浪表现出明显的涌浪特征。季风期外海涌浪与风成浪相互叠加，非季风期波浪主要表现为外海环境变化所引起的长周期涌浪。从 Adipala 的实测资料(表 2-1)可知，涌浪的周期一般大于 10s，平均周期大于 13s，最大周期达 21s。波高与周期之间没有明显的大小关系。波浪集中在 SSW 向、S 向和 SSE 向，呈现一定的季节特征。

印度尼西亚南岸出现长周期大波高的主要原因是其面对的印度洋海域广阔，面积大约有半个地球的面积，跨越了南半球的所有风带，又因为印度尼西亚西南方向的大洋洲距离遥远，之间的海域在大风的作用下，波浪能够充分成长为大浪,而南岸几十公里外千米至几千米的水深令波浪的传播衰减很小,因此爪哇岛沿岸几乎始终处于大浪的作用之下。除此之外,这种大浪在到达印度洋印度尼西亚南岸之前,会经过几千公里的距离,一方面由于弥散和角散的作用,低频的长波部分逐渐剥离出来,另一方面长距离的传播使得高频的短波部分在内摩擦作用下不断消耗,最终表现为波浪周期变长。某次大浪时波高递减的典型分布如图2-2所示,可见涌浪散布于较风浪为大的水域,主要处于印度洋的中心地带,在离开风区后涌浪表现为波高递减而周期变大的形态,在达到近岸时表现为长周期的涌浪。

Adipala 项目2012年4月—2013年3月观测站点数据 表2-1

波浪特征	2012年									2013年		
	4月	5月	6月	7月	8月	9月	10月	11月	12月	1月	2月	3月
最大周期(s)	20	19	18	20	20	19	18	19	17	18	17	17
最大波高(m)	3.5	2.4	2.2	2.5	3	3	2.2	2.2	2.3	2.5	3.5	2.5
平均周期(s)	14.2	13.2	15	15.3	14.7	14.5	14.1	13.5	13.3	12.6	13.1	13.1

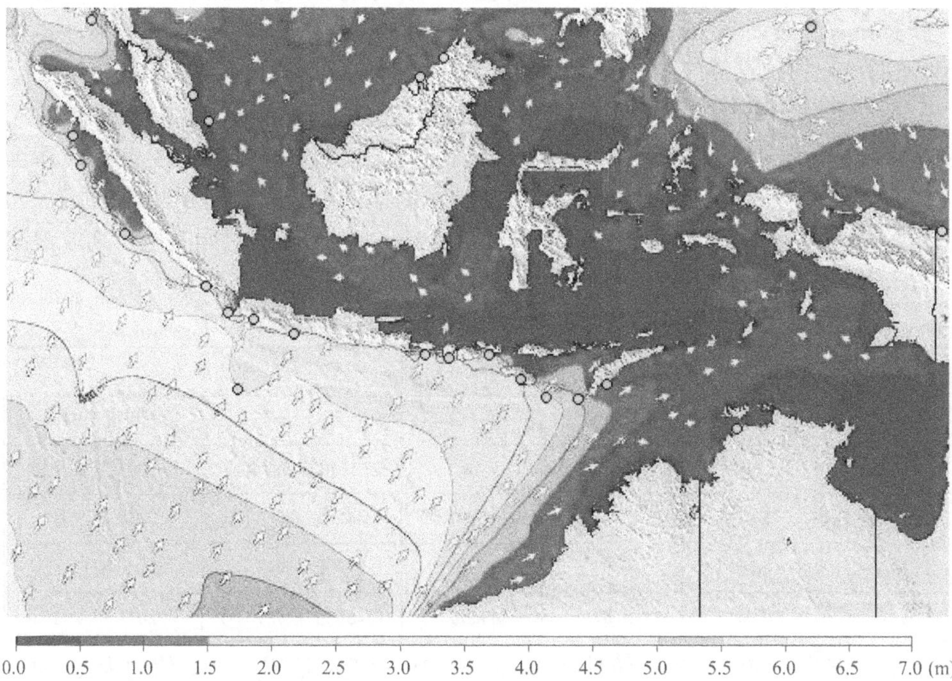

图2-2 波高递减典型分布图

以印度尼西亚 Adipala 项目为例，项目所在地附近波浪观测站点 Batu Hiu 2006—2011 年波浪强度及频率资料见表 2-2。

波浪强度及出现频次 表 2-2

浪高(m)	月各波浪波高出现天数百分比(%)											
	1 月	2 月	3 月	4 月	5 月	6 月	7 月	8 月	9 月	10 月	11 月	12 月
<0.5	9	9	4	0	0	0	0	0	0	0	1	6
0.5 ~ 1.3	3	13	3	5	0	0.1	0	0	1.2	3	5	13
1.3 ~ 2.0	57	54	59	66	28	28	16	19	18	41	71	63
2 ~ 3	31	24	34	29	72	71	81	78	77	56	22	19
>3	0.4	0	0	0	0	0.8	4	3	3	0	0	0
常浪向(外海)	SSW	SSW	SSW	SSW	SSW	SSW	SSW	SSW	SSW	SSW	SSW	SSW

由以上统计发现，印度洋环境下每月均会出现高 2m 以上的大浪，且常浪向统一为 SSW 向，尤其以 5 ~ 9 月表现特别突出，出现 2 ~ 3m 波高波浪的天数达 70% 以上，1 ~ 4 月及 11 ~ 12 月出现 2 ~ 3m 波高波浪的天数仍维持在 20% ~ 30% 的比例。这就意味着防波堤施工过程中每月均会遭受不同频次大于 2m 波高的波浪冲击作用，给防波堤的连续施工造成极大的困难。

根据现场实测波浪水文资料和欧洲中长期波浪卫星后报资料，上述各项目 50 年重现期设计波浪要素见表 2-3。外海波浪主导方向以 SSW 向为主，波浪传播至近岸时受地形等因素影响有所变化，但基本保持以 S 向为主导方向的涌浪形态，50 年设计波浪周期在 13.83 ~ 18s，设计 $H_{13\%}$ 波高在 4.97 ~ 6.05m，同时施工期波浪波高 $H_{13\%}$ 推测基本大于 3m。

印度尼西亚印度洋沿岸典型项目设计波浪要素 表 2-3

项目位置	强浪向	设计波浪要素(重现期 50 年)		施工期波浪	
		$H_{13\%}$(m)	T_s(s)	$H_{13\%}$(m)	工程设计时间
Pacitan	S	5.70	18	2.2(重现期 2 年)	2008 年 2 月
Adipala	SSE	6.05	15.91	3.44(重现期 2 年)	2010 年 5 月
Cilacap	SSE	4.97	13.83	3.57(重现期 5 年)	2010 年 11 月
Gama	SSW	5.82	17.77	4.48(重现期 1 年)	2014 年 4 月

依据实测波浪结果进行统计，Cilacap 和 S2P 附近海浪周期平均值约为13.64s，两工程区波高-周期分布分别如图 2-3、图 2-4 所示。

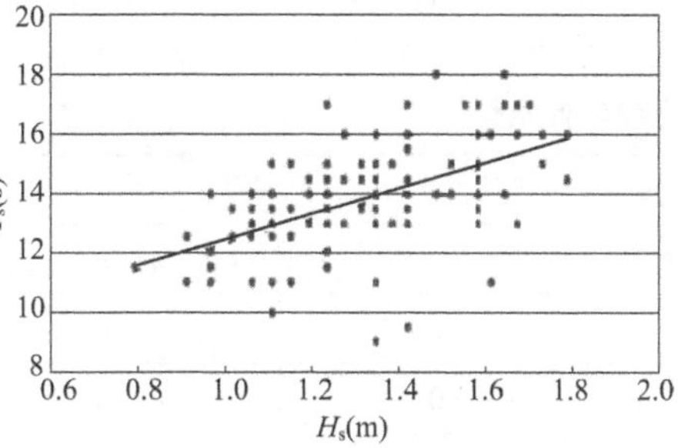

图2-3 Cilacap工程海域短期实测统计波高-周期分布

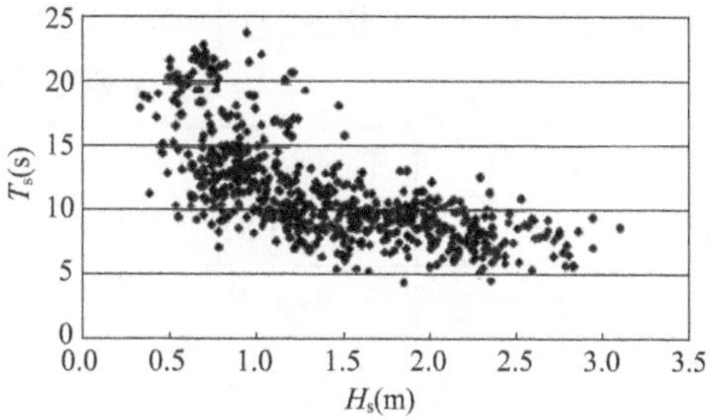

图2-4 S2P工程海域短期实测统计波高-周期分布

2.3 潮流动力

根据4个典型区域潮流观测,经计算分析,印度洋印度尼西亚海域的潮型为以半日潮为主的混合潮。Adipala的典型潮位过程如图2-5所示,即每天有两个高潮位和两个低潮位,潮高和涨落潮历时存在明显的日潮不等现象。涨潮历时稍大于落潮历时。各工程设计水位高程见表2-4。由表中数据可知,爪哇岛面临印度洋沿岸潮差高度在1.7~2.04m,每小时潮差为0.14~0.17m。

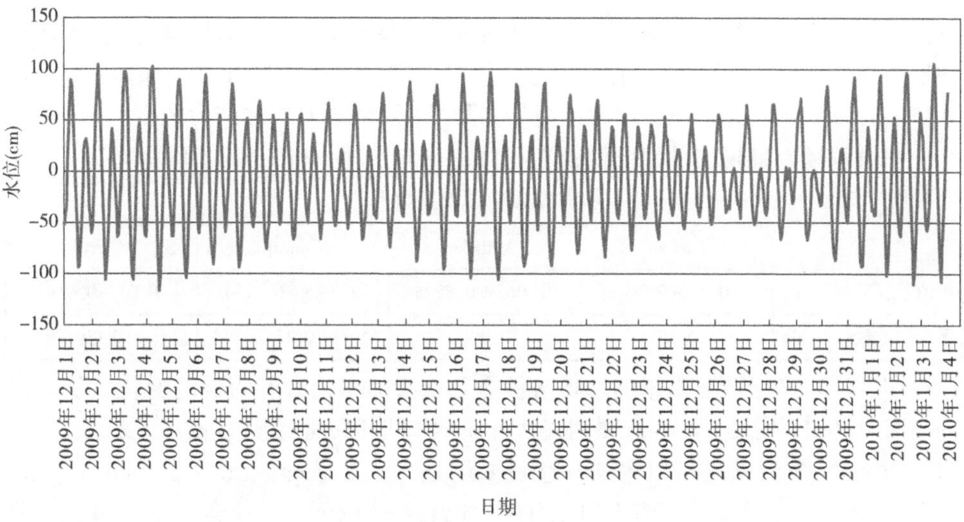

图2-5 Adipala项目12月典型潮位过程图

4个典型项目所在海域现场观测潮流流速见表2-5。由表中数据可知,印度洋印度尼西亚南岸潮差流速在0.04～0.36m/s之间，潮流动力较弱，仅潮流作用下的泥沙基本处于稳定状态，泥沙运动则主要由波浪引起。

印度尼西亚印度洋沿岸设计水位 表2-4

项目位置	极端低水位(m)	极端高水位(m)	设计低水位(m)	设计高水位(m)
Pacitan	-0.82	+3.46	+0.2	+1.92
Adipala	-1.31	+1.75	-0.83	+1.18
Cilacap	—	+2.97	+0.42	+2.46
Gama	—	+2.36	+0.15	+1.85

印度洋印度尼西亚南岸3个项目潮流流速统计 表2-5

项目位置	最大垂线平均流速(m/s)	最小垂线平均流速(m/s)	测点水深备注
Pacitan	0.31	0.13	-12.0～-18.0m
Adipala	0.26	0.04	-3.0～-15.0m
Cilacap	0.36	0.17	-2.5～-9.0m
Gama	0.25	0.10	-4.1～-16.3m

2.4 泥沙特征

3个项目区的底质泥沙中值粒径范围及平均值见表2-6。可以看出，印度洋印度尼西亚南岸大部分海岸的底质泥沙粒径较粗，Pacitan的平均中值粒径可达0.35mm，海岸性质为砂质或粉砂质海岸，颗粒间无黏结力或黏结力较弱，呈分散状态。中值粒径也呈现出从岸向海由粗到细的分布规律，如图2-6所示。

项目位置中值粒径分布 表2-6

项目位置	Pacitan	Adipala	Cilacap	Gama
中值粒径范围(mm)	0.16～0.70	0.0063～0.7778	0.005～0.729	0.01～0.414
平均中值粒径(mm)	0.35	0.096	0.15	0.09

印度洋印度尼西亚南岸的水体含沙量随位置的不同有着明显的变化。从纵向分布来看，河口附近的含沙量要明显大于非河口地区，可达到1kg/m^3以上。从横向分布来看，波浪破碎带以内的含沙量要明显大于非破碎区，也可达到0.1kg/m^3以上；其他区域的水体含沙量较小，均在0.01kg/m^3以下。水体含沙量也呈现出明显的季节性变化，雨季河流水量充沛，携带大量泥沙入海，近岸含沙量增加，反之，旱季近岸水体含沙量相对较小。

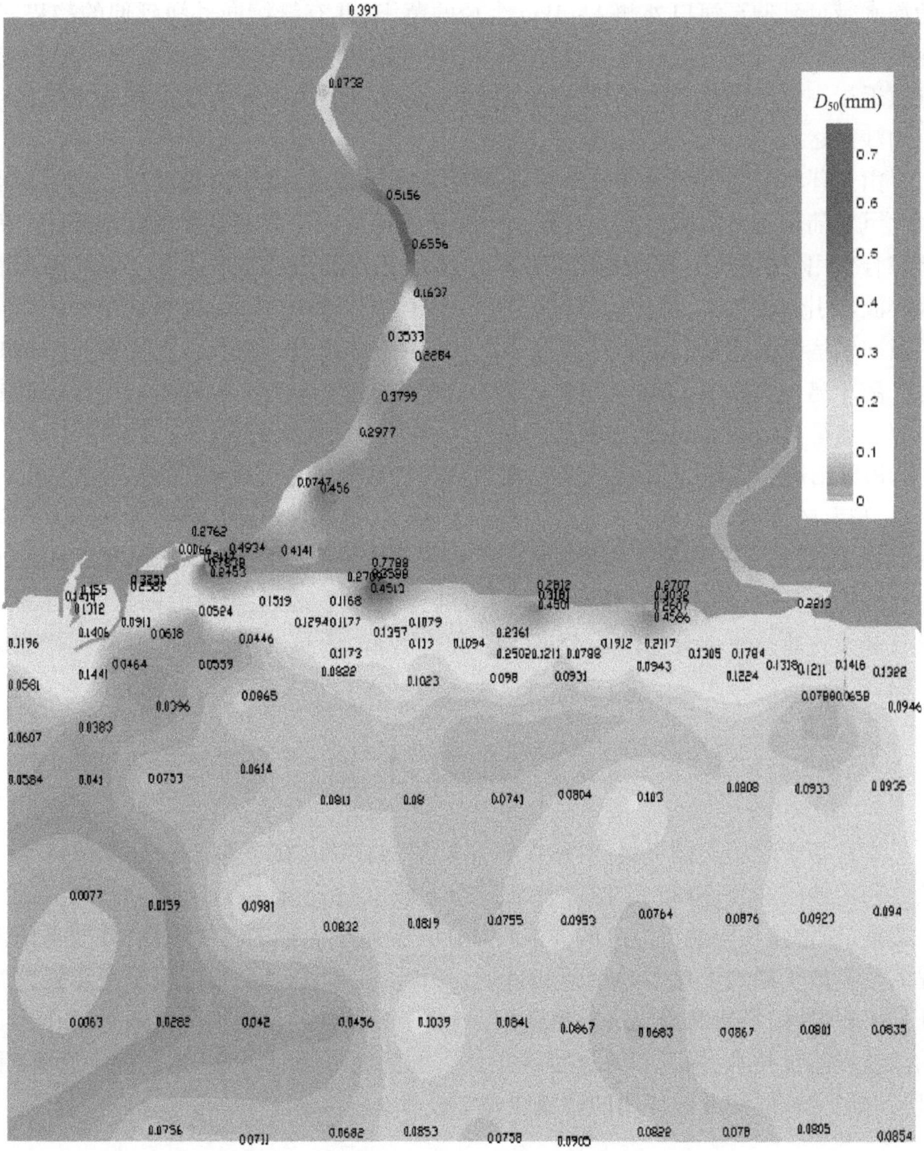

图2-6 Adipala沉积物采样中值粒径分布图

在印度洋强浪作用下，工程位置的主要泥沙来源有邻近河流、近岸浅滩等在波流动力作用下挟带-搬运的物质和人类活动引起的泥沙输运。

对于邻近项目位置如有较大的河流存在的工程海域，河流的径流输沙是主要的泥沙补给来源，河口近岸水体在雨季期间较为混浊，且扩散范围较广，已观察到的浑水带可延伸至河口外侧2～3km半径的范围，并有继续向外海延伸的趋势，分界线附近水深接近－17m等深线；另外，还沿岸纵向飘散，并受波浪横向作用影响，导致近岸一定范围内水体同样浑浊。因此，河流下泄泥沙可能成为影响本地区主要的沙源之一。

由于环印度洋海域大部分地区处热带季风气候区，沿岸植被良好、气候湿润，因此风对陆相泥沙的搬运能力有限。但对于海床滩面上较细颗粒的物质来说，浪、流综合作用下的悬沙“掀扬-搬运”是一个不可忽视的泥沙来源之一。近岸滩砂在破碎波浪引起的裂流、沿岸流共同作用下，发生显著的输移运动，特别是破碎带内的横向输运极为明显。近岸底沙呈云团状的横向扩散非常显著，现场观察到的最远扩散距离为离岸1.11km、－12～－13m等深线处，这些扩散砂团与岸线凹凸相对应。这部分活跃的泥沙，将对工程的泥沙淤积形成直接影响。

海滩沿岸、河口及下游的人类活动也对泥沙输移产生了影响，例如对于Adipala项目，离其较近的S2P电厂的建设、挖沙、建桥等，特别是拟建工程区和Serayu河口的大规模挖沙活动，降低了岸滩稳定性，提高了边坡泥沙的活跃程度，加速了滩面物质的输移交换，使之成为近岸沙源的一部分。另外，受大洋环流的作用，外海洋流较强动力所挟带部分泥沙流经本区时沉积下来，从而也可形成本海域沉积物的来源之一。

2.5 本章小结

本章基于现场实测资料，对印度洋印度尼西亚南岸的气候、波浪、潮流等水文条件和泥沙的粒径、分布、来源等特征进行了系统的分析，重点讨论了该地区的波浪特征，即常年长周期大波高的强浪特征。正是基于上述的波浪特征，才使得防波堤的建设施工遇到了众多的难题和挑战。因此，正确的理解和认识印度洋强浪特征是工程设计、科研和施工的前提基础，有助于突破常年长周期大波高强浪作用下的防波堤建设技术，提升和改进特殊条件下的防波堤设计方法，建立起一套适用、可行和经受长周期波浪作用的防波堤施工技术。

第 3 章　防波堤建设波浪条件推算数值模拟技术及应用

根据项目所处海域的水动力特点，工程海区波浪主要由海域风成浪引起。而该海域主要成风原因有两种：一种为季风，另一种为气旋。因此，研究主要通过风场模拟计算波浪场，风场资料需综合考虑季风和台风两种影响。具体研究思路如下：

(1)采用美国 Unisys Weather 网站台风资料数据和欧洲中长期后报资料风场数据，选取每年影响工程海区较大风过程数据，对风场进行分析。

(2)根据多年风场数据，采用 SWAN 模型计算得到每年工程区附近外海深水区的年波浪极值，进而采用 PearsonⅢ型曲线适线法推算不同重现期波浪要素。

(3)根据外海不同重现期波浪条件，在自然地形条件下即工程建设前，利用 SWAN 模型推算工程区设计波浪条件，同时为工程后波浪场计算提供边界条件。

(4)采用 MikeBW 数学模型，模拟工程建设后的波浪场分布，计算港区波浪条件，为工程提供设计依据。

通过波浪数学模型试验推求外海波浪要素；结合本工程建设方案，推求防波堤、码头、进出水口及护岸设计波浪，校核码头泊稳条件，优化防波堤口门位置、防波堤长度及港区布置，为设计提供科学根据。

3.1　波浪数值推算模拟关键技术与手段

3.1.1　不同重现期风速推算方法

首先，采用 PearsonⅢ型曲线适线法计算不同重现期风速值，然后根据风速利用相关公式推算不同重现期设计波浪要素。PearsonⅢ型曲线是 Pearson 曲线族中的一种线形，是纯经验性的。PearsonⅢ型曲线概率密度通式为：

$$\frac{\mathrm{d}y}{\mathrm{d}x} = \frac{(x+d)y}{b_0 + b_1 x + b_2 x^2} \tag{3-1}$$

式中：y——概率分布曲线；

x——样本值；

d——样本均值与众值的差；

b_0、b_1、b_2——待定参数。

积分计算后可得频率曲线的函数 y。由于式中各参数 b_0、b_1、b_2 值的不同，使 $b_0+b_1x+b_2x^2=0$ 中的两个根有各种解。由这些不同根的组合，能使积分后的 y 值有各种不同结果。Pearson 把它分成 13 种线形，PearsonⅢ型就是其中的一种线形。

当 $b_2=0$ 时，就是 PearsonⅢ型曲线，即为：

$$\frac{\mathrm{d}y}{\mathrm{d}x}=\frac{(x+d)y}{b_0+b_1x} \tag{3-2}$$

PearsonⅢ型曲线方程为：

$$f(x)=\begin{cases}\dfrac{\beta^{\alpha}}{\Gamma(\alpha)}(x-r)^{\alpha-1}\mathrm{e}^{-\beta(x-r)} & x\geqslant r\\ 0 & x<r\end{cases} \tag{3-3}$$

式中：α——形状参数；

β——尺度参数；

r——位置参数。

以上参数可用各阶矩来表示，但估计重现期时，常用离差系数 C_{v} 和偏差系数 C_{s} 表示。

离差系数 C_{v} 反映数列离散度的大小，即：

$$C_{\mathrm{v}}=\frac{\sigma}{\bar{x}}=\frac{1}{\bar{x}}\sqrt{\frac{\sum(x_i-\bar{x})^2}{n-1}}=\sqrt{\frac{\sum(K_i-1)^2}{n-1}}=\sqrt{\frac{\sum_{i=1}^{n}K_i^2-n}{n-1}} \tag{3-4}$$

式中：$K_i=\dfrac{x_i}{\bar{x}}$——模比系数；

$\dfrac{\sum(x_i-\bar{x})^2}{n-1}$——$\sigma^2$ 的无偏估计。

在海洋工程设计中，要根据海洋要素的频率曲线来求多年一遇极值，也就是要求出给定频率 $P(\%)$ 的对应极值 x_{p}，这可由下式解出 x_{p} 值：

$$P'=P(x\geqslant x_{\mathrm{p}})=\frac{\beta^{\alpha}}{\Gamma(\alpha)}\int_{x_{\mathrm{p}}}^{\infty}(x-r)^{\alpha-1}\mathrm{e}^{-\beta(x-r)}\mathrm{d}x \tag{3-5}$$

用代换积分法，令 $t=\beta(x-r)$，得：

$$P'=\frac{\beta}{\Gamma(\alpha)}\int_{t_{\mathrm{p}}}^{\infty}t^{\alpha-1}\mathrm{e}^{-t}\mathrm{d}t \tag{3-6}$$

式中：$t_{\mathrm{p}}=\beta(x_{\mathrm{p}}-r)$；

$$\frac{1}{\beta}=\frac{\bar{x}C_{\mathrm{v}}C_{\mathrm{s}}}{2};$$

$$r=x-(a+d)=\bar{x}-\frac{2\bar{x}C_{\mathrm{v}}}{C_{\mathrm{s}}}。$$

继而可得：

$$\frac{x_{\mathrm{p}}-\bar{x}}{\bar{x}}=\frac{C_{\mathrm{v}}C_{\mathrm{s}}}{2}t_{\mathrm{p}}-\frac{2C_{\mathrm{v}}}{C_{\mathrm{s}}} \tag{3-7}$$

令

$$\Phi=\frac{C_{\mathrm{s}}}{2}t_{\mathrm{p}}-\frac{2}{C_{\mathrm{s}}} \tag{3-8}$$

$$K_{\mathrm{p}}=\frac{x_{\mathrm{p}}}{\bar{x}} \tag{3-9}$$

则：

$$x_{\mathrm{p}}=(\Phi C_{\mathrm{v}}+1)\bar{x} \tag{3-10}$$

由

$$\Phi=\frac{x_{\mathrm{p}}-\bar{x}}{\bar{x}C_{\mathrm{v}}}=\frac{K_{\mathrm{p}}-1}{C_{\mathrm{v}}} \tag{3-11}$$

$$K_{\mathrm{p}}=\Phi C_{\mathrm{v}}+1 \tag{3-12}$$

则：

$$x_{\mathrm{p}}=K_{\mathrm{p}}\bar{x} \tag{3-13}$$

因此，只要从观测资料中算出样本的统计量 $\bar{x}$、C_{v} 和 C_{s} 值，用 PearsonⅢ型曲线方程即可确定。计算中选择6个代表计算簇，反映 C_{v} 和 C_{s} 的关系，通过计算曲线与实测数据点间的差值，应用最小二乘法得到最佳适线。根据适线结果即可推求不同重现期的风速，进而推求不同重现期的波浪要素。

3.1.2　风成浪计算方法

对风速进行高度、陆海订正，风区长度考虑建筑物、岛屿和陆域的影响，取合适的步长，使得每步的水深变化小于0.2m，分步计算风浪的成长变化。风浪波高计算采用式(3-14)～式(3-16)：

$$\frac{gH_{\mathrm{s}}}{U^2}=5.5\times10^{-3}\left(\frac{gF}{U^2}\right)^{0.35} \tag{3-14}$$

$$\frac{gT_{\mathrm{s}}}{U}=0.55\left(\frac{gF}{U^2}\right)^{0.233} \tag{3-15}$$

$$\frac{gF}{U^2}=0.012\left(\frac{gt}{U}\right)^{1.3} \tag{3-16}$$

式中：g——重力加速度(m/s^2)；

H_s——有效波波高(m)；

T_s——有效波周期(s)；

F——风区长度(m)；

t——风时(s)，工程海区为季风气候，选取6h作为计算风时。

3.1.3 设计波浪要素计算方法

设计波浪要素的计算采用抛物型缓坡方程波浪数学模型。

1)基本原理

波浪自外海向岸边的传播运动，可视为沿某一方向的前进波，抛物型缓坡方程波浪数学模型可有效地考虑这种沿某一方向的波浪传播运动。Radder(1979)首先将波浪分解为前进波和反射波，即：

$$\Phi=\Phi^{+}+\Phi^{-} \tag{3-17}$$

式中，Φ 表示波浪函数；Φ^{+} 和 Φ^{-} 分别表示前进波势和反射波势。对方程应用抛物型近似方法对 Berkhoff(1972)导出的椭圆形缓坡方程进行简化，忽略反射波部分，经推导可得前进波的表达式如下：

$$\frac{\partial\Phi}{\partial x}=\left[ik-\frac{1}{2kCC_g}\cdot\frac{\partial(kCC_g)}{\partial x}+\frac{i}{2kCC_g}\cdot\frac{\partial}{\partial y}\left(C_g\frac{\partial}{\partial y}\right)\right]\Phi^{+} \tag{3-18}$$

式中：C——波速；

C_g——波群速；

k——波数。

上式即为传播主方向为 x 的抛物型缓坡方程。式(3-18)要求波浪传播方向与主方向 x 相差很小，实际上这种限制是很苛刻的，Kirby(1983,1986)对此方法进行了完善和发展，利用 Pade 展开和最小误差方法使抛物型缓坡方程模型可用于较大传播角度的波浪计算，传播主方向为 x 的方程为：

$$C_gA_x+i(\bar{k}-a_0k)C_gA+\frac{1}{2}(C_g)_xA+\frac{i}{\omega}\left(a_1-b_1\frac{\bar{k}}{k}\right)(CC_gA_y)_y-\frac{b_1}{\omega k}(CC_gA_y)_{yx}+$$
$$\frac{b_1}{\omega}\left[\frac{k_x}{k^2}+\frac{(C_g)_x}{2kC_g}\right](CC_gA_y)_y+\frac{i\omega k^2}{2}D|A|^2A+\frac{fr}{2}A=0 \tag{3-19}$$

式中，$A(x,y)$为波振幅(复数)；a_0、a_1、b_1 为常系数，与入射角度有关；$\bar{k}$ 一般可取为 $k(x,y)$沿 y 方向的平均值；方程左边的最后两项分别表示非线性影响和底摩擦损耗。

2)计算方法

由于底摩擦损耗项中的f_r选取较为复杂,底摩擦损耗将在后面单独考虑,这样方程经化简并采用 Crank-Nicolson 格式进行差分,经推导可得如下差分方程:

$$f_a A_{m+1}^{n+1} + f_b A_m^{n+1} + f_c A_{m-1}^{n+1} = f_d \tag{3-20}$$

式中:$f_a = -\sigma_3(\beta_{m+1}^{n+1} + \beta_m^{n+1})$;

$$f_b = \left[1 + \frac{i\Delta x}{2}(\bar{k} - \zeta_1 k_m^{n+1}) + \frac{a_m^-}{2a_m^+} + \sigma_3(\beta_{m+1}^{n+1} + \beta_m^{n+1} + \beta_{m-1}^{n+1})\right] + \frac{1}{2}\left(\frac{i\omega k^2 D}{2C_g}\right)_m^{n+1} |\tilde{A}^{n+1}|^2;$$

$$f_c = -\sigma_3(\beta_m^{n+1} + \beta_{m-1}^{n+1});$$

$$f_d = A_m^n\left[1 - \frac{i\Delta x}{2}(\bar{k} - \zeta_1 k_m^n) - \frac{a_m^-}{2a_m^+} - \sigma_4(\beta_{m+1}^n + 2\beta_m^n + \beta_{m-1}^n) - \frac{1}{2}\left(\frac{i\omega k^2 D}{2C_g}\right)_m^n |A_m^2|^2\right] + \sigma_4[A_{m+1}^n(\beta_{m+1}^n + \beta_m^n) + A_{m-1}^n(\beta_m^n + \beta_{m-1}^n)];$$

$$a_m^+ = (C_g)_m^{n+1} + (C_g)_m^n;$$

$$a_m^- = (C_g)_m^{n+1} - (C_g)_m^n;$$

$$\beta_m^n = (CC_g)_m^n;$$

$$\sigma_3 = -\left(\sigma_2 + \sigma_1\frac{\Delta x}{2}\right) \cdot \frac{1}{\Delta y^2 \omega a_m^+};$$

$$\sigma_4 = \left(\sigma_2 - \sigma_1\frac{\Delta x}{2}\right) \cdot \frac{1}{\Delta y^2 \omega a_m^+}。$$

上面表达式中的非线性项$|\tilde{A}^{n+1}|$首先利用方程的线性部分进行估算。可知,当第n行的$A(x,y)$为已知时,可建立第$n+1$行的方程组,即构成三对角阵,因而可利用双扫描法求解。整个计算域的波浪可由以上方法逐行求解得到。计算步长小于1倍波长。本次计算中,网格步长为50m,计算范围为18km×18km。

3)影响因素及边界条件

(1)底摩擦损耗的考虑

波浪因水底摩擦引起波高减少,特别在相对水深较小、波高较大的情况下,底摩擦损耗比较明显,所以对于大范围的计算,不考虑底摩擦损耗将会带来较大的误差。

波浪每行进Δx距离,波高的减少率K_f按 Bretchneider-Reid 公式确定:

$$K_f = \frac{H_2}{H_1} = \left[1 + \frac{64}{3} \cdot \frac{\pi^3}{g^2} \cdot \frac{fH_1\Delta x}{h^2} \cdot \left(\frac{h}{T^2}\right)^2 \frac{K_s^2}{\text{sh}^3(2\pi h/L)}\right]^{-1} \tag{3-21}$$

式中:H_1——初始波高;

H_2——传播 Δx 距离后的波高；

f——摩擦系数；

h——水深；

T——波周期；

L——波长。

浅水系数依据下式计算：

$$K_s = \sqrt{\frac{1}{2n} \cdot \frac{C_0}{C}}, n = \frac{1}{2}\left[1 + \frac{4\pi h/L}{\mathrm{sh}(4\pi h/L)}\right] \tag{3-22}$$

公式中摩擦系数 f 的取值范围在0.001~0.10之间，取不同的值对计算结果影响很大。本工程海区波浪主要为涌浪，根据已有经验，在模拟中摩擦系数选用0.05。

(2)波浪破碎的考虑

破碎波高水深比的选取依据沿传播方向的海底坡度，参照《港口与航道水文规范》(JTS 145—2015)进行。

(3)边界条件

边界条件分为起始边界条件和侧向边界条件。

为了减少误差，保证计算的精确度，计算中均采用正向入射，即入射方向与方程传播的主方向 x 向相同。

起始边界条件：$A = \frac{H_0}{2}(\cos\theta + i\sin\theta)$，其中 A 为波幅；H_0 为入射波高；θ 为复角，取0°。

侧边界为水域时，边界内外波高梯度为0。

3.1.4 港区波浪计算方法

港区波浪往往存在折射、反射和绕射，计算采用 Boussinesq 波浪数学模型。

1)基本原理和基本方程

Boussinesq 波浪数学模型的基本方程为沿水深积分的平面二维短波方程。由于水深积分过程中的假定不同，积分方法也存在差异，得到的水深积分平面二维短波方程不同，这些方程被称为 Boussinesq 类方程。经 McCowan、Madsen 等人十多年的验证和比较，推荐基本方程如下：

$$S_t + P_x + Q_y = 0 \tag{3-23}$$

$$P_t + \left(\frac{P^2}{d}\right)_x + \left(\frac{PQ}{d}\right)_y + gdS_x + \psi_1 = 0 \tag{3-24}$$

$$Q_t + \left(\frac{Q^2}{d}\right)_y + \left(\frac{PQ}{d}\right)_x + gdS_y + \psi_2 = 0 \tag{3-25}$$

其中

$$\psi_1 = -\left(B + \frac{1}{3}\right)h^2(P_{xxt} + Q_{xyt}) - Bgh^3(S_{xxx} + S_{xyy}) -$$
$$hh_x\left(\frac{1}{3}P_{xt} + \frac{1}{6}Q_{yt} + 2BghS_{xx} + BghS_{yy}\right) - hh_y\left(\frac{1}{6}Q_{xt} + BghS_{xy}\right)$$
$$\psi_2 = -\left(B + \frac{1}{3}\right)h^2(Q_{yyt} + P_{xyt}) - Bgh^3(S_{yyy} + S_{xxy}) -$$
$$hh_x\left(\frac{1}{3}Q_{yt} + \frac{1}{6}P_{xt} + 2BghS_{yy} + BghS_{xx}\right) - hh_x\left(\frac{1}{6}P_{yt} + BghS_{xy}\right)$$

式中，P、Q 分别为 x、y 方向流速沿水深的积分；h 为静水深；S 为波面高度；d 为总水深，$d = h + s$；B 为深水修正系数，可取为 1/15；脚标（$*_t$、$*_x$、$*_y$）表示物理量（$*$）对时间、x 方向和 y 方向的偏导数。

2）消波边界的处理

波浪数学模型中，前后边界都要进行消波处理，以免出现边界的多次反射，影响模拟的精度。在波浪数学模型的应用过程中，不少学者对消波边界的处理进行了深入的研究。根据 McCowan（1978）、Larsen 和 Dancy（1983）的研究成果，在消波边界区域，基本方程引入消波参数 r、μ，其方程表达为：

$$S_t + rP_x + rQ_y = -\frac{1 - \mu^{-2}}{\Delta t}S \tag{3-26}$$

$$P_t + \left(\frac{P^2}{h}\right)_x + \left(\frac{PQ}{h}\right)_y + rgdS_x + \psi_1 + g\frac{P\sqrt{P^2 + Q^2}}{C^2h^2} = -\frac{1 - \mu^{-2}}{\Delta t}P \tag{3-27}$$

$$Q_t + \left(\frac{Q^2}{h}\right)_y + \left(\frac{PQ}{d}\right)_x + rgdS_y + \psi_2 + g\frac{Q\sqrt{P^2 + Q^2}}{C^2h^2} = -\frac{1 - \mu^{-2}}{\Delta t}Q \tag{3-28}$$

其中

$$\mu(x) = \begin{cases} \exp[(2^{-x/\Delta t} - 2^{-x_s/\Delta x})\ln a] & 0 < x < x_s \\ 1 & x_s < x \end{cases}$$

$$r(x) = 0.5(1 + 1/\mu^2)$$

式中，x_s 为空隙率消波层厚度；a 的取值与 x_s 和 Δx 的比值有关，按照已有的经验，当 $x_s = 5\Delta x$ 时，a 取 2.0，当 $x_s = 10\Delta x$ 时，a 取 5.0。

3）波浪反射的模拟

由于建筑物形式的多样性，建筑物反射的特性差别很大，如直立堤的反射率接近 100%，斜坡堤的反射率参考本工程防波堤结构，根据《港口与航道水文规范》（JTS 145—2015）中的相关规定进行计算，反射率为 30%。这些不同的反射率特性通过设立不同个数、不同组合的空隙率消波层得到。

模拟时反射边界参数的选取，首先依据有关公式和实践经验判断反射率，再通过调整消波层数和空隙率，使得在对应的水深、波浪要素及步长情况下得到同等的反射率。

4）求解过程

方程的求解采用 ADI 法。由于 Boussinesq 项及修正项的存在，增加了方程中的未知量，全部隐格式求解有一定的难度，因而 Boussinesq 项及修正项中的参量，采用 Madsen 提出的预估法计算得到。

（1）计算网络与边界处理

为了减小误差，保证计算的精度，采用正向入射，侧边界按内外波浪变化梯度为 1.0 考虑，相当于物理模型中设有导波板的情况，岸滩按吸收边界考虑。本次计算中，网格步长为 4m，计算范围为 5km × 5km。

（2）不规则波的模拟与统计

本次计算采用指定的频谱，造波点的频谱不规则波采用分频叠加模拟得到。将波谱频域分割数设为 M，一般取 50，则该频谱的某点水位变化为：

$$\eta(n\Delta t) = \sum_{i=1}^{M} \sqrt{2S(f_i)\Delta f_i} \cos(2\pi f_i n\Delta t + \varepsilon_i) \tag{3-29}$$

谱分析利用协方差函数估计法，设 N 为样本总量，m 为推移乘积个数，波浪谱可表达为：

$$S(2\pi f) = \frac{2}{\pi}\int_0^{\infty} R(\tau)\cos 2\pi/\tau \mathrm{d}\tau \tag{3-30}$$

其中

$$R(\nu\Delta t) = \frac{1}{N-\nu}\sum_{n+1}^{N-\nu} x(t_n + \nu\Delta t)x(t_n), \nu = 0,1,2,\cdots,m$$

由数值积分得到谱的粗值：

$$L_h = \frac{2\Delta t}{\pi}\sum_{\nu=0}^{m} R(\nu\Delta t)\cos(2\pi f_{\mathrm{h}}\nu\Delta t)$$

如数值积分中采用梯形公式：

$$L_h = \frac{2}{\pi}\left[\frac{1}{2}R(0) + \sum_{\nu=1}^{m-1} R(\nu\Delta t)\cos(2\pi f_h \nu\Delta t) + \frac{1}{2}R(m\Delta t)\cos(2\pi f_h m\Delta t)\right]\Delta t,$$

$$h = 0,1,2,\cdots,m$$

此处所取的频率间隔为：

$$\Delta f = \frac{f_N}{m}$$

故：

$$f_h = h\Delta f = h\frac{f_N}{m} = \frac{h}{m} \cdot \frac{1}{2\Delta t}$$

得到：

$$L_h = \frac{2\Delta t}{\pi}\left[\frac{1}{2}R(0) + \sum_{\nu=1}^{m-1} R(\nu\Delta t)\cos\frac{\pi\nu h}{m} + \frac{1}{2}R(m\Delta t)\cos\pi h\right]$$

$$h = 0,1,2,\cdots,m$$

以上估计出的 L_h 是不精确的，需要进行改进或光滑。光滑采用 Hamming 法：

$$S(2\pi f_H) = 0.23L_{h-1} + 0.54L_h + 0.23L_{h+1} \tag{3-31}$$

m 的取值对计算也有影响，m 可取样本总数 N 的 1/10，计算中取 200 ~ 300。不规则波较为复杂，为此计算程序中设立了专门的处理程序，程序包括波浪谱的输入，通过频率分割进行叠加形成不规则波的波面过程。同时将过程转换为谱，以检验波面形成过程的正确性。计算过程中，还可对每一个网格点的最大波高和最高波峰高程进行实时统计与记录。

进行多方向不规则波的模拟时，方向分布函数依据《港口与航道水文规范》(JTS 145—2015)进行计算，方向分割数为 25。

利用上述波浪数值模拟方法，分别对典型项目防波堤工程边界条件进行计算。

3.2　典型防波堤工程数值模拟技术应用

3.2.1　典型工程之一：Cilacap 电厂一期防波堤修复工程数值模拟试验

1)概述

印度尼西亚 Cilacap 电厂工程位于印度尼西亚爪哇岛 Cilacap 市东侧，距离市区约 10km。工程建成于 2007 年，由于工程海区水动力环境条件恶劣，防波堤建成后受波浪水流等作用发生了破坏。根据建设单位要求，需要对已损坏防波堤进行紧急修复。欲了解防波堤破坏原因，需对其工程位置水动力条件进行模拟，因此根据设计要求，通过波浪数学模型推求外海波浪要素，结合工程方案，推求防波堤设计波浪，为防波堤的修复设计提供科学根据。工程平面布置如图 3-1 所示。

图 3-1　Cilacap 电厂工程布置图

2)计算条件

(1)风速条件

根据工程附近 Cilacap 市气象站 20 年(1990—2009 年)各向的风速年极值资料(表 3-1、图 3-2),采用 PearsonⅢ型曲线适线法,推算工程区不同重现期风速。根据工程区风速条件与工程外海预报风速建立关系,通过外海风成浪推算工程附近深水区不同重现期波浪要素。

工程区风速分频分级结果(%)　　表 3-1

方　向	风速(kn)					合计
	<5	5~10	10~15	15~20	>20	
N	0.591	0.157	0.025	0.006	0.003	0.78
NNE	0.555	0.100	0.012	0.002	0.001	0.67
NE	1.075	0.143	0.009	0.000	0.000	1.23
ENE	2.367	2.203	0.319	0.018	0.003	4.91
E	6.027	6.468	0.949	0.055	0.010	13.51

续上表

方 向	风速(kn)					合计
	<5	5~10	10~15	15~20	>20	
ESE	4.295	5.392	0.839	0.053	0.006	10.58
SE	6.857	9.709	1.567	0.105	0.007	18.25
SSE	3.034	3.608	0.559	0.039	0.003	7.24
S	2.244	1.114	0.109	0.012	0.001	3.48
SSW	1.185	0.627	0.076	0.007	0.000	1.90
SW	1.311	0.768	0.118	0.010	0.000	2.21
WSW	1.586	0.623	0.093	0.010	0.001	2.31
W	3.448	1.102	0.161	0.020	0.003	4.73
WNW	1.548	0.435	0.061	0.008	0.001	2.05
NW	1.195	0.203	0.023	0.003	0.000	1.42
NNW	0.398	0.068	0.008	0.001	0.000	0.47
有风频率	75.75					
无风频率	21.89					
无记录	2.36					

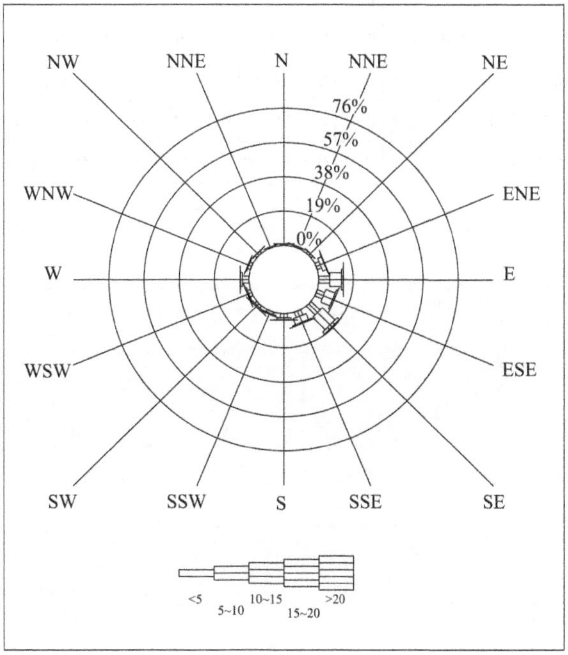

图3-2 工程区附近风玫瑰图

根据 Cilacap 测站 1988—2007 年每日逐时风速观测资料统计工程区近岸风速结果，风天占 75.75%，无风天占 21.89%，缺测占 2.36%。统计结果表明，本地区常风向为 SE 向，出现频率为 18.25%，次常风向为 E 向，出现频率为 13.51%，平均全年风速 >20kn(≈10.3m/s)的风出现的频率为 0.039%。

(2)波浪条件

根据荷兰 KNMI 网站波浪预报资料，分析工程区外海(距工程约 50km)波浪条件，波浪分频分级结果、波玫瑰图分别见表 3-2。同时根据预报资料结果分析，统计得到波浪平均值为 2.72m，周期平均值为 13.64s，预报资料周期关系如图 3-3 所示。

波浪预报资料分频分级结果(%) 表 3-2

波高等级(m)	方向																
	N	NNE	NE	ENE	E	ESE	SE	SSE	S	SSW	SW	WSW	W	WNW	NW	NNW	合计
0~0.5	0.0	0.0	0.0	0.0	0.0	0.0	0.0	0.0	0.0	0.0	0.0	0.0	0.0	0.0	0.0	0.0	0.0
0.5~1.0	0.0	0.0	0.0	0.0	0.0	0.0	0.0	0.0	0.6	0.3	0.9	0.0	0.0	0.0	0.0	0.0	1.8
1.0~1.5	0.0	0.0	0.0	0.0	0.3	0.0	0.0	0.3	1.5	5.7	5.1	0.0	0.0	0.0	0.0	0.0	12.8
1.5~2.0	0.3	0.0	0.0	0.0	0.0	0.0	0.0	0.3	2.7	17.0	8.7	0.3	0.3	0.0	0.0	0.0	29.6
2.0~2.5	0.0	0.0	0.0	0.0	0.0	0.0	0.0	0.0	0.0	4.5	0.6	0.0	0.0	0.0	0.0	0.0	5.1
2.5~3.0	0.0	0.0	0.0	0.0	0.0	0.9	0.3	0.3	3.6	30.4	4.2	0.0	0.9	0.3	0.0	0.3	41.2
3.0~3.5	0.0	0.0	0.0	0.0	0.0	0.0	0.3	0.0	0.0	9.0	0.3	0.0	0.0	0.0	0.0	0.0	9.6
>3.5	0.0	0.0	0.0	0.0	0.0	0.0	0.0	0.0	0.0	0.0	0.0	0.0	0.0	0.0	0.0	0.0	0.0
合计	0.3	0.0	0.0	0.0	0.3	0.9	0.6	0.9	8.4	66.9	19.7	0.3	1.2	0.3	0.0	0.3	100.0

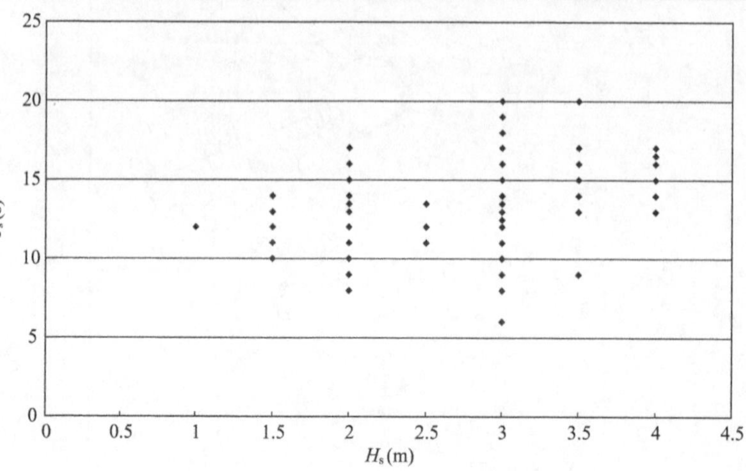

图 3-3 预报资料波高周期结果

(3)计算波向

海区风向和波向主要集中在SE-S-SW向，同时受工程西侧岬角掩护，SW向波浪较小。因此，设计波浪要素计算浪向为SE向、SSE向、S向和SSW向。

(4)计算重现期

风浪和设计波浪要素的计算重现期为100年、50年、25年、10年、5年和2年。

(5)计算水位(以附近理论最低潮面为基准)

百年一遇高水位：+2.97m；

设计高水位：+2.46m；

设计低水位：+0.42m；

极端低水位：-0.10m。

(6)测点布置

工程防波堤波浪要素计算点位置如图3-4所示，其中1~9号为东防波堤，10号为防波堤口门，11、12号分别为工程西防波堤和进水口。工程各点底高程见表3-3。

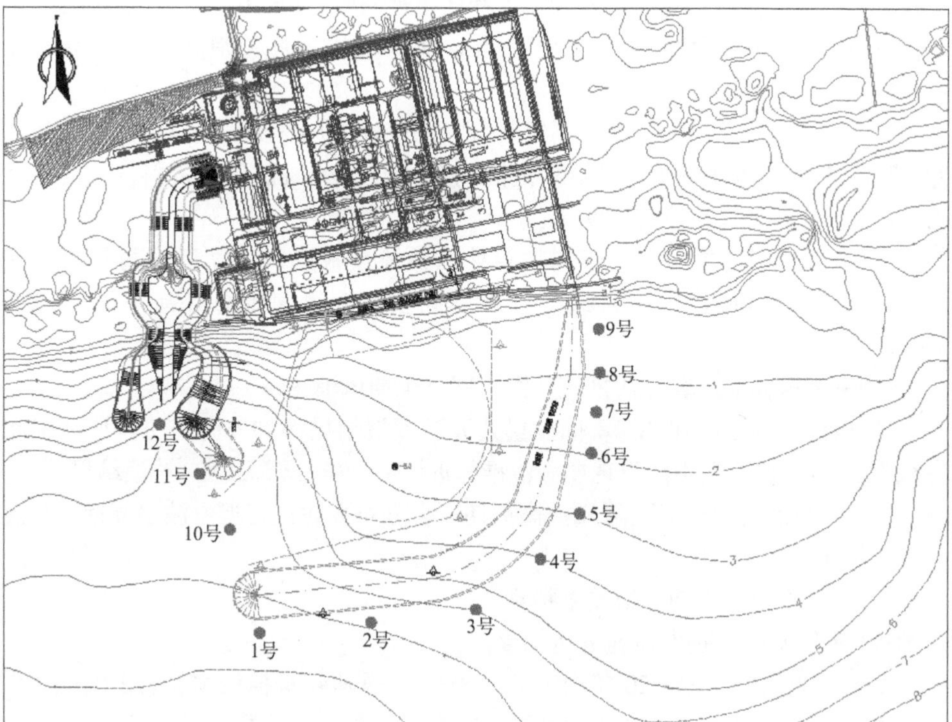

图3-4 防波堤测点布置图

各点底高程(当地理论基准面起算)　　表3-3

测　点	底高程(m)	测　点	底高程(m)
1号	-7.5	7号	-1.5
2号	-7.0	8号	-1.0
3号	-6.0	9号	-0.5
4号	-4.0	10号	-6.6
5号	-3.0	11号	-6.3
6号	-2.0	12号	-5.0

3)计算方法

设计波浪要素的计算采用抛物型缓坡方程波浪数学模型,将深水区的波浪推算至工程区。具体方法见第3.1节。

根据工程现场观察及相关资料,本工程面对印度洋,工程海域波浪呈明显的涌浪特性。影响工程区的波浪主要为距工程区很远的外海(印度洋45°S-60°S区域)生成的风成浪,经长距离传播至工程区,在传播过程中,高频波浪衰减较快,传至工程区均为长周期波浪。

由于工程区缺乏长期波浪观测资料,现有资料仅为工程附近长期(20年)风速实测资料及两年(2008—2009年)大范围(整个印度洋)风浪预报资料,因此,工程区近岸不同重现期波浪推算方法为:

(1)采用2年近岸和外海不同位置处的风速预报资料建立近岸与外海风速关系,并根据近岸长期实测风速得到的不同重现期风速推算外海不同重现期风速;

(2)采用风成浪计算方法推算外海不同重现期风浪;

(3)根据2年近岸和外海不同位置处波浪预报结果得到外海与工程区波浪相关关系,进而根据外海不同重现期波浪推算近岸(-40m等深线处)波浪结果;

(4)根据涌浪预报结果,采用波高周期联合分布方法进行近岸波浪周期计算。

4)计算结果与分析

(1)近岸不同重现期波浪要素推算

①工程区不同重现期风速分析结果。

根据工程附近气象站20年(1988—2007年)风速年极值资料,采用PearsonⅢ方法,推算不同重现期风速结果,如图3-5所示。该气象站重现期50年最大风速为33.33kn。

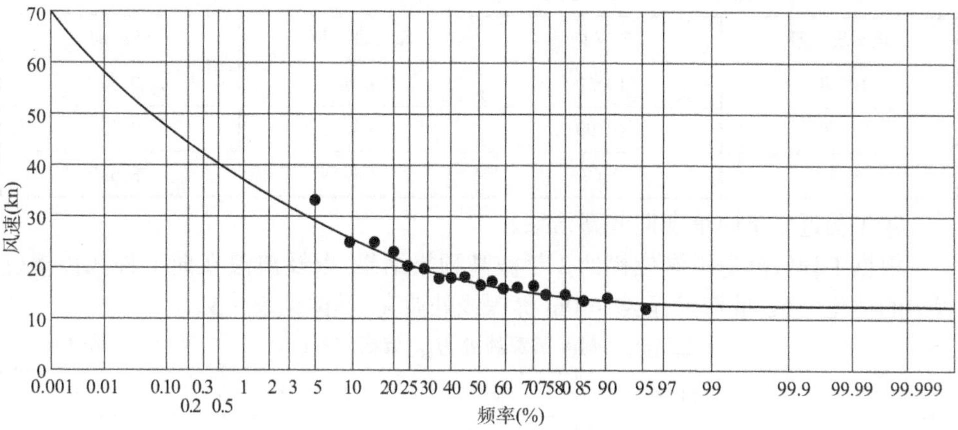

图 3-5 工程区强风向风速 Pearson Ⅲ 曲线适线结果

②外海不同重现期风速结果。

根据外海 2 年风速预报结果及同期工程区实测风速结果，近岸及外海风速对比如图 3-6 所示。

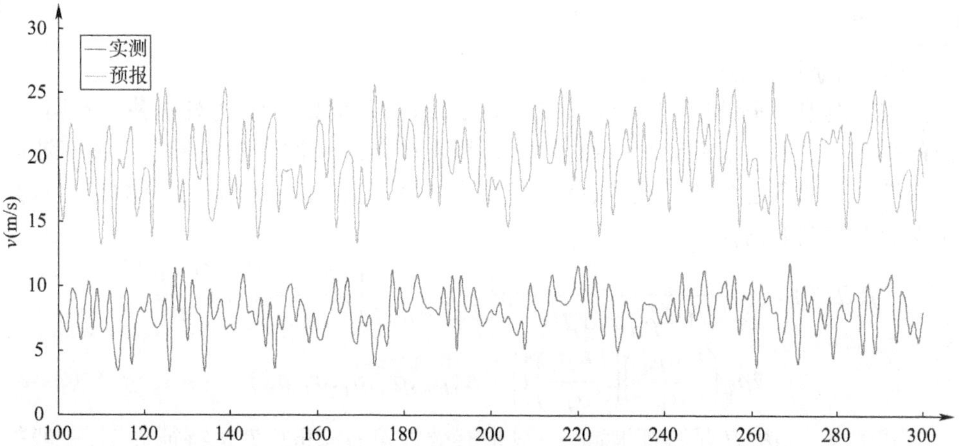

图 3-6 外海 2 年风速预报数据与同期工程区风速实测数据对比

③外海不同重现期波高计算。

根据海区、近岸波浪分布与风速的关系得到工程外海（1 号位置处）波浪要素结果见表 3-4。

由结果可知，工程外海（1 号位置处）重现期为 50 年 $H_{13\%}$ 波高为 10.08m。

工程外海(1号位置处)风成浪 $H_{13\%}$ 波高计算结果(m)　　表3-4

重现期	SSW向	重现期	SSW向
100年	10.51	10年	9.54
50年	10.08	5年	9.15
25年	9.67	2年	8.69

④工程近岸不同重现期波高结果。

根据工程区外海不同位置处2年波高预报结果,以及波浪在向工程区传播过程中的变化关系,推算工程区-40m等深线处波高,具体见表3-5。

工程区-40m等深线处 $H_{13\%}$ 波高结果(m)　　表3-5

重现期	SE向	SSE向	S向	SSW向
100年	7.24	7.20	7.28	7.30
50年	7.05	7.02	7.05	7.07
25年	6.71	6.66	6.67	6.70
10年	6.08	6.01	6.02	6.05
5年	5.48	5.36	5.38	5.42
2年	4.24	4.19	4.18	4.22

⑤波浪周期推算。

根据波浪预报结果,工程外海波浪周期较长,且周期与波高对应关系不明显,因此采用波高和周期的联合分布模式,计算不同重现期波高对应周期。关于波高和周期的长期联合分布的模式,Ochi曾提出5参数($\mu_h,\sigma_h,\mu_t,\sigma_t,\rho_{ht}$)的二元对数正态分布密度表达式:

$$f(H,T)=\frac{1}{2\pi\sqrt{1-\rho_{ht}^2}\sigma_h\sigma_t HT}\exp\left\{\frac{-1}{2(1-\rho_{ht}^2)}\left[\left(\frac{h-\mu_h}{\sigma_h}\right)^2+\left(\frac{t-\mu_t}{\sigma_h}\right)^2-2\rho_{ht}\left(\frac{h-\mu_h}{\sigma_h}\right)\left(\frac{t-\mu_t}{\sigma_t}\right)\right]\right\}\sim\Lambda(\mu_h,\sigma_h,\mu_t,\sigma_t,\rho_{ht}) \tag{3-32}$$

式中,$h=\ln H$,H是特征波高,一般指有效波高;$t=\ln T$,T是特征周期,一般指有效波周期T_s;μ_h、μ_t、σ_h、σ_t、ρ_{ht}分别是h和t的平均值、标准差和相关系数,μ_H、σ_T、ρ_{HT}等含义相同;$\Lambda(\cdots)$表示以$(\cdots)$为参数的对数正态分布密度。

基于波高和周期的长期边缘分布为对数正态分布,而联合分布也是这种分布,在给定波高下的周期分布$f_3(T|H)$也是对数正态的:

$$f_3^{(0)}(T|H)\sim\Lambda\left[\mu_t+\frac{\sigma_t}{\sigma_h}\rho_{ht}(\ln H-\mu_h),\sigma_t\sqrt{1-\rho_{ht}^2}\right] \tag{3-33}$$

其中，脚标(O)表示按Ochi提出的正态分布结果。

周期的条件平均值$\mu_T(H)$的标准差$\sigma_T(H)$用简单的线性回归式来预报：

$$\hat{\mu}_T(H)=\mu_T+\frac{\sigma_T}{\sigma_H}\rho_{HT}(H-\mu_H) \tag{3-34}$$

$$\hat{\sigma}_T(H)=\sigma_T\,(1-\rho_{HT}^2)^{1/2} \tag{3-35}$$

用简单的线性回归式来预报波周期的条件期望值与标准差，并依周期分布也近似呈正态分布，则T_H的期望值和置信概率为0.95的置信区间分别为μ和$[\mu-1.96\sigma,\mu+1.96\sigma]$。

用上节推算出的不同重现期的波高值，按照式(3-34)和式(3-35)计算周期的期望值，波高按照$H_{13\%}$波高计算，对应周期为平均周期。

在采用预报资料对波浪周期进行计算的同时，用实测波浪资料与预报资料进行对比分析，对预报资料推算的波浪周期进行修正，得到重现期50年波高对应的平均周期的期望值和置信概率为0.95的置信区间结果。由于规范中风浪波高与周期的对应关系忽略了不同方向波高和周期的不同对应关系，波高与周期联合分布考虑了不同方向波高和周期的对应关系，而且还能计算出周期在一定置信概率下的置信区间，对此采用波高和周期的联合分布模式，计算出不同方向波浪周期。利用上述模式，推算出重现期为100年、50年、25年、10年和2年的波浪条件，见表3-6。

−40m等深线位置处风成浪计算结果 表3-6

重现期	SE向		SSE向		S向		SSW向	
	$H_{13\%}$(m)	$\bar{T}$(s)	$H_{13\%}$(m)	$\bar{T}$(s)	$H_{13\%}$(m)	$\bar{T}$(s)	$H_{13\%}$(m)	$\bar{T}$(s)
100年	7.24	14.02	7.13	13.98	7.28	14.05	7.30	14.07
50年	7.05	13.85	6.92	13.83	7.05	13.85	7.07	13.87
25年	6.71	13.56	6.58	13.52	6.67	13.53	6.70	13.55
10年	6.08	13.03	5.96	12.97	6.02	12.98	6.05	13.00
5年	5.48	12.51	5.36	12.41	5.38	12.43	5.42	12.46
2年	4.24	11.46	4.14	11.41	4.12	11.41	4.16	11.44

(2)设计波浪条件推算结果

采用抛物线型缓坡方程对工程海区波浪条件进行计算，得到不同等深线处的设计波浪要素。波浪要素见表3-7。

SE 向重现期为 100 年设计波浪要素结果　　表 3-7

水　位	位　置		$H_{1\%}$(m)	$H_{4\%}$(m)	$H_{5\%}$(m)	$H_{13\%}$(m)	$\bar{H}$(m)	$\bar{T}$(s)	Dir(°)
百年一遇高水位	1 号	东防波堤	6.60	5.86	5.74	5.07	3.56	14.02	156.6
	2 号		6.48	5.77	5.65	5.00	3.53	14.02	156.6
	3 号		6.19	5.55	5.44	4.84	3.47	14.02	156.6
	4 号		(5.36)	5.09	5.01	4.53	3.36	14.02	156.6
	5 号		(4.63)	(4.63)	(4.63)	4.36	3.33	14.02	156.6
	6 号		(3.88)	(3.88)	(3.88)	(3.88)	3.33	14.02	156.6
	7 号		(3.50)	(3.50)	(3.50)	(3.50)	3.34	14.02	156.6
	8 号		(3.12)	(3.12)	(3.12)	(3.12)	(3.12)	14.02	156.6
	9 号		(2.74)	(2.74)	(2.74)	(2.74)	(2.74)	14.02	156.6
	10 号	口门	6.34	5.66	5.54	4.91	3.49	14.02	156.6
	11 号	西堤	6.25	5.59	5.48	4.86	3.46	14.02	156.6
	12 号	进水口	5.85	5.28	5.19	4.65	3.37	14.02	156.6
设计高水位	1 号	东防波堤	6.45	5.75	5.63	4.98	3.52	14.02	157.6
	2 号		6.33	5.65	5.54	4.92	3.49	14.02	157.6
	3 号		6.04	5.43	5.33	4.76	3.43	14.02	157.6
	4 号		(4.99)	4.96	4.88	4.44	3.34	14.02	157.6
	5 号		(4.25)	(4.25)	(4.25)	(4.25)	3.32	14.02	157.6
	6 号		(3.50)	(3.50)	(3.50)	(3.50)	3.34	14.02	157.6
	7 号		(3.12)	(3.12)	(3.12)	(3.12)	(3.12)	14.02	157.6
	8 号		(2.73)	(2.73)	(2.73)	(2.73)	(2.73)	14.02	157.6
	9 号		(2.35)	(2.35)	(2.35)	(2.35)	(2.35)	14.02	157.6
	10 号	口门	6.19	5.54	5.43	4.83	3.45	14.02	157.6
	11 号	西堤	6.10	5.47	5.36	4.78	3.43	14.02	157.6
	12 号	进水口	5.69	5.16	5.07	4.56	3.34	14.02	157.6
设计低水位	1 号	东防波堤	5.84	5.27	5.17	4.64	3.37	14.02	158.1
	2 号		(5.69)	5.17	5.08	4.57	3.36	14.02	158.1
	3 号		(4.96)	4.93	4.85	4.42	3.32	14.02	158.1
	4 号		(3.47)	(3.47)	(3.47)	(3.47)	3.34	14.02	158.1
	5 号		(2.70)	(2.70)	(2.70)	(2.70)	(2.70)	14.02	158.1
	6 号		(1.93)	(1.93)	(1.93)	(1.93)	(1.93)	14.02	158.1

续上表

水位	位置		$H_{1\%}$(m)	$H_{4\%}$(m)	$H_{5\%}$(m)	$H_{13\%}$(m)	$\bar{H}$(m)	$\bar{T}$(s)	Dir(°)
设计低水位	7号	东防波堤	(1.53)	(1.53)	(1.53)	(1.53)	(1.53)	14.02	158.1
	8号		(1.14)	(1.14)	(1.14)	(1.14)	(1.14)	14.02	158.1
	9号		(0.74)	(0.74)	(0.74)	(0.74)	(0.74)	14.02	158.1
	10号	口门	(5.40)	5.05	4.97	4.49	3.32	14.02	158.1
	11号	西堤	(5.18)	4.97	4.89	4.44	3.31	14.02	158.1
	12号	进水口	(4.22)	(4.22)	(4.22)	(4.22)	3.27	14.02	158.1
极端低水位	1号	东防波堤	5.67	5.14	5.06	4.55	3.34	14.02	158.6
	2号		(5.31)	5.04	4.96	4.49	3.33	14.02	158.6
	3号		(4.57)	(4.57)	(4.57)	4.33	3.31	14.02	158.6
	4号		(3.07)	(3.07)	(3.07)	(3.07)	(3.07)	14.02	158.6
	5号		(2.30)	(2.30)	(2.30)	(2.30)	(2.30)	14.02	158.6
	6号		(1.52)	(1.52)	(1.52)	(1.52)	(1.52)	14.02	158.6
	7号		(1.12)	(1.12)	(1.12)	(1.12)	(1.12)	14.02	158.6
	8号		(0.73)	(0.73)	(0.73)	(0.73)	(0.73)	14.02	158.6
	9号		(0.32)	(0.32)	(0.32)	(0.32)	(0.32)	14.02	158.6
	10号	口门	(5.02)	4.92	4.84	4.40	3.30	14.02	158.6
	11号	西堤	(4.80)	(4.80)	4.77	4.35	3.29	14.02	158.6
	12号	进水口	(3.83)	(3.83)	(3.83)	(3.83)	3.28	14.02	158.6

注：表中括号内的数据表示该处波浪已破碎。

波浪在从外海至近岸的传播过程中，主要受底摩阻、波浪破碎和地形折射影响，近岸波向集中在SSE-S向。各点百年一遇高水位重现期为50年$H_{13\%}$设计波高结果见表3-8。

百年一遇高水位重现期为50年$H_{13\%}$波高结果(m) 表3-8

位置	SSE向	位置	SSE向
1号	5.13	7号	(3.50)
2号	5.09	8号	(3.12)
3号	4.97	9号	(2.74)
4号	4.73	10号	4.99
5号	4.59	11号	4.95
6号	(3.88)	12号	4.76

(3)波向的变化

根据波浪预报结果分析,工程外海常浪向为 SSW 向,波浪主要集中在 SE-SSW 向之间。波浪在从外海向近岸传播的过程中受水深变化影响会发生折射,尤其在近岸浅水区折射作用更为明显。通过波浪折射模型分析主要计算波浪方向由外海(深水波浪折射作用不大,因此计算从 -40m 等深线开始计算)向近岸传播过程中的变化。根据波浪折射结果,工程区附近波浪方向见表 3-9。

工程区附近不同方向波向变化平均结果　表 3-9

方向	SE	SSE	S	SSW
外海	135.0°N	157.5°N	180.0°N	202.5°N
工程附近	156.6°N	162.8°N	175.5°N	183.6°N

由该结果可知,外海 SE-SSE-S-SSW 向波浪传至工程附近,主要浪向变为 SSE 向和 S 向。

(4)实测波浪分析验证

根据现有的工程海区近岸 2 个月(2009 年 12 月—2010 年 1 月)实测波浪资料,对研究成果进行对比分析。根据实测和预报及推算结果对比,可知:工程区近岸实测波浪有效周期平均值为 12.65s,同期外海预报波浪有效周期平均值为 11.48s;工程区近岸实测波浪有效波高平均值为 1.11m,同期外海实测波浪推算至近岸(-10m)后有效波高平均值为 0.91m;工程区近岸实测波浪和预报推算波浪方向均主要集中在 S 向。因此,预报资料可以较为准确地描述工程海区波浪情况,并可以作为波浪研究的依据。

工程区实测和同期预报波高过程(2010 年 1 月)如图 3-7 所示。由该结果可以看出,预报资料和实测值逐日变化趋势比较接近,预报最大误差为 33cm,平均误差约为 14cm。

5)小结

通过对工程区现有风速和波浪资料的分析及波浪数学模型的计算,可得到如下主要结论:

(1)根据工程附近气象站 20 年风速资料,工程区附近重现期 50 年最大风速为 33.33kn。

(2)根据工程区风速实测资料及工程外海波浪、风速预报资料分析推算工程区附近 -40m 等深线处重现期为 50 年 $H_{13\%}$ 波高为 7.30m。

(3)波浪在从外海至近岸的传播过程中,主要受底摩阻、波浪破碎和地形折射影响。东防波堤堤头处百年一遇高水位重现期为 50 年 $H_{13\%}$ 波高为 5.13m。

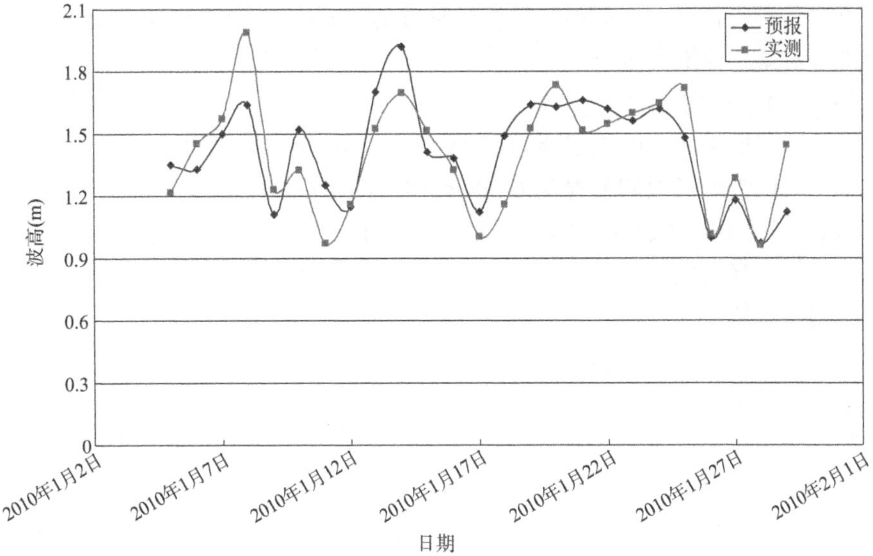

图3-7 工程区实测和预报波高过程(2010 年 1 月 5 日—2010 年 1 月 29 日)

(4)工程海区波浪条件恶劣复杂,且现阶段实测资料不充分,但通过工程现场踏勘走访,收集相关信息,使其在研究过程中得到了充分利用,因此,研究成果可以为设计施工及随后的研究工作使用,但应根据今后完成的波浪实测资料,随时对波浪研究成果进行校核。

3.2.2 典型工程之二:Adipala 电厂一期防波堤工程数值模拟试验

1)概述

拟建的 Adipala 电厂工程位于印度尼西亚爪哇岛 Cilacap 市东侧,距离市区约 16km,地理位置约为 7°41′23.15″S,109°8′23.23″E。该电厂为新建项目,机组容量为 1×660MW。工程建筑物包括码头泊位、防波堤、进出水等建筑物。

2)计算条件

(1)风速条件

根据工程附近 Cilacap 市气象站 20 年各向的风速年极值资料,采用 Pearson Ⅲ 型曲线适线法,推算工程区不同重现期风速。

(2)计算波向

综合考虑工程海区风资料、短期波浪实测数据及地形特点可知,工程区外海风向和波向主要集中在 SE-S-SW 向,工程海区等深线走向为 W-E 向。因此,确定波浪计算浪向为 SE 向、SSE 向、S 向、SSW 向和 SW 向。

近岸波浪受折射作用而趋于与岸线垂直的SSE向、S向和SSW向，工程区的波浪模拟针对这3个浪向进行。

(3)计算重现期

设计波浪要素计算的重现期为50年、25年、10年、5年和2年。

工程后波浪场模拟的重现期为50年和2年。

(4)计算水位(以PLN基面为标准，MSL=0m)

百年一遇高水位：+1.83m；

极端高水位：+1.75m；

设计高水位：+1.18m；

设计低水位：-0.83m；

极端低水位：-1.31m。

(5)方案布置

在前期的研究中对波浪分布、波浪要素的计算以及口门朝向进行了不同方案的论证，在此基础上，为了比较防波堤的建设规模，设计单位给出一组设计方案，方案布置如图3-8所示。各工程方案开口朝西，通过对不同方案港内波浪条件的分析，得到合理的平面布置方案。各方案防波堤布置描述见表3-10。

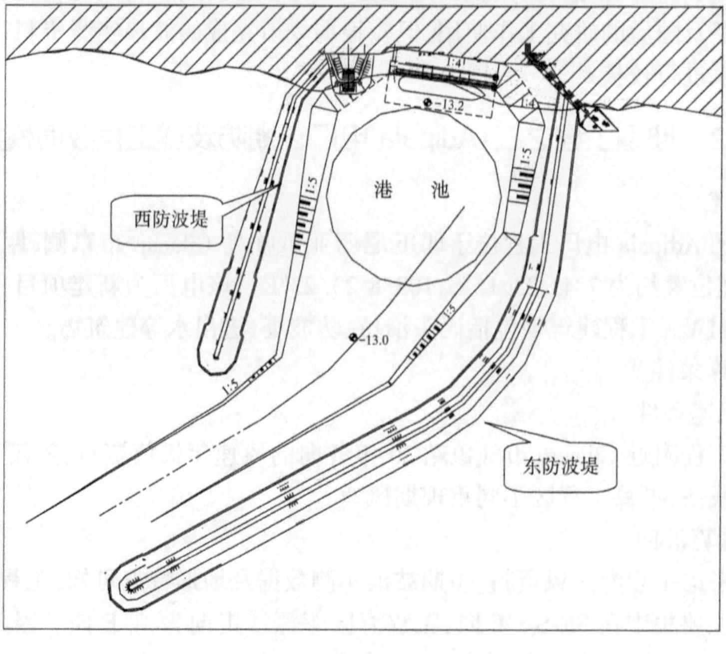

图3-8　代表方案布置图

不同方案的防波堤长度与堤头水深 表3-10

方案	西堤长度(m)	西堤堤头水深(m)	东堤长度(m)	东堤堤头水深(m)
1	700	-12.0	1650.7	-13.5
2	650	-11.5	1593.3	-13.3
3	575	-10.5	1530.7	-13.3
4	500	-10.0	1439.0	-13.2
5	450	-9.5	1390.0	-13.1
6	400	-8.5	1349.0	-12.9
7	400	-8.5	1299.0	-12.7
8	400	-8.5	1249.0	-12.6
9	400	-8.5	1209.0	-12.5
10	400	-8.5	1109.0	-12.0

3)计算方法

本工程面对印度洋,呈明显的涌浪特性。影响工程区的波浪主要为据工程区很远的外海(印度洋45°S-60°S区域)生成的风成浪,经长距离传播至工程区,在传播过程中,高频波浪衰减较快,传至工程区多为长周期波浪。

推算依据的资料为工程附近长期风速实测资料(20年)及两年(2008—2009年)大范围风浪预报资料和工程现场短期实测波浪资料。工程不同重现期波浪推算方法为:

(1)根据风资料推算不同重现期风速;

(2)应用实测波浪资料验证预报资料准确性;

(3)根据风的相关关系,得到外海不同重现期波浪条件;

(4)采用波高周期联合分布方法计算波浪周期。

港区波浪往往存在折射、反射和绕射,计算采用Boussinesq方程波浪数学模型。

4)计算结果与分析

(1)近岸不同重现期波浪要素推算

①工程区不同重现期风速分析结果。

统计1990—2009年风资料,得到20年的平均风速为3.95kn(2.03m/s),最大风速为38kn(19.55m/s)。根据上述资料,由PearsonⅢ曲线推算得到陆上重现期风速结果,见表3-11,50年风速为20.96m/s,100年风速为22.63m/s。根据《港口与航道水文规范》(JTS 145—2015),海上风速为陆上风速的1.2倍,可以得到工程海域的不同重现期风速。

工程区各向 20 年风速年极值结果　　表 3-11

年份(年)	风速(kn)	风速(m/s)	年份(年)	风速(kn)	风速(m/s)
1990	20.00	10.28	2000	19.00	9.77
1991	18.00	9.25	2001	29.00	14.91
1992	18.00	9.25	2002	20.00	10.28
1993	30.00	15.42	2003	26.00	13.36
1994	20.00	10.28	2004	23.00	11.82
1995	30.00	15.42	2005	27.00	13.88
1996	23.00	11.82	2006	38.00	19.53
1997	20.00	10.28	2007	32.00	16.45
1998	20.00	10.28	2008	34.00	17.48
1999	23.00	11.82	2009	25.00	12.85

②工程近岸不同重现期波高结果。

在实测波浪资料验证的基础上，根据风及风浪的相关关系，得到工程区外海 -40m等深线处(图 3-9)的波高，见表 3-12。

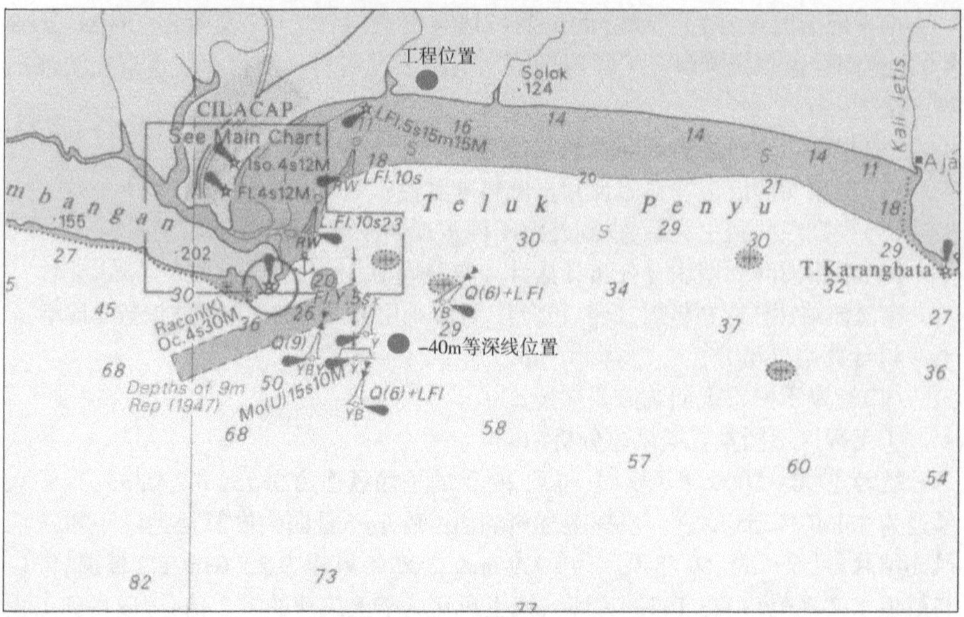

图 3-9　-40m 等深线位置示意图

工程区 -40m 等深线处波高结果　　表3-12

重现期	$H_{13\%}$(m)	重现期	$H_{13\%}$(m)
50年	7.07	5年	5.48
25年	6.71	2年	4.24
10年	6.08		

③波浪周期推算。

用上节推算出的不同重现期的波高值,按照式(3-34)和式(3-35)计算周期的期望值,波高按照 $H_{13\%}$ 波高计算,对应周期为平均周期。重现期50年波高对应的有效周期的期望值和置信概率为0.95的置信区间结果见表3-13。由于规范中风浪波高与周期的对应关系忽略了不同方向波高和周期的不同对应关系,波高与周期联合分布考虑了不同方向波高和周期的对应关系,而且还能计算出周期在一定置信概率下的置信区间,所以本次波浪周期采用了波高与周期的联合分布模式。根据波浪实测结果,波浪中长周期对应的波高反而小,因此在波浪推算中采用周期平均值(期望值)作为计算条件。重现期为50年、25年、10年、5年和2年的波浪条件见表3-14。

-40m 等深线位置处风成浪周期计算结果　　表3-13

重现期	有效周期期望值(s)	置信概率为0.95的置信区间(s)
50年	18.30	[14.56~22.04]
25年	17.91	[14.17~21.65]
10年	17.22	[13.48~20.96]
5年	16.55	[12.81~20.29]
2年	15.19	[11.45~18.93]

-40m 等深线位置处风成浪计算结果　　表3-14

重现期	$H_{13\%}$(m)	T_m(s)
50年	7.07	15.91
25年	6.71	15.57
10年	6.08	14.97
5年	5.48	14.39
2年	4.24	13.21

(2)设计波浪条件推算结果

采用抛物线型缓坡方程对工程海区波浪条件进行计算,得到不同等深线处的设计波浪要素。典型极端高水位各向重现期为 50 年 $H_{13\%}$ 波高分布如图 3-10 所示，波浪要素结果见表 3-15。

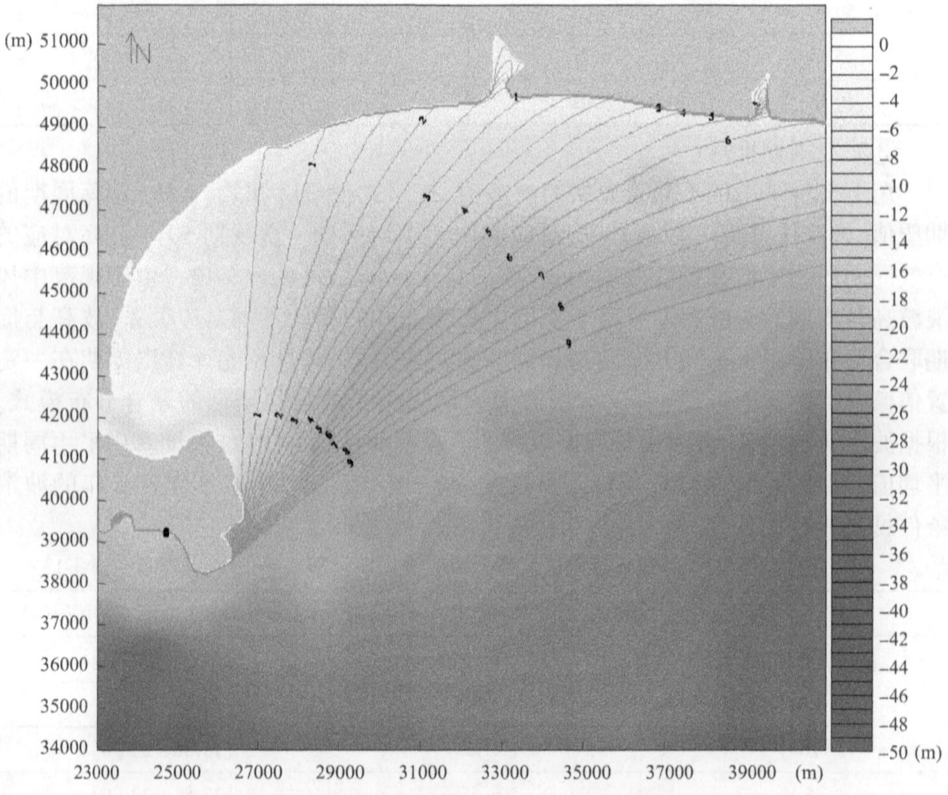

图 3-10 SW 向极端高水位重现期为 50 年 $H_{13\%}$ 波高分布图

外海 SE 向重现期为 50 年波浪要素结果 表 3-15

水位	等深线	$H_{1\%}$(m)	$H_{4\%}$(m)	$H_{5\%}$(m)	$H_{13\%}$(m)	$\bar{H}$(m)	T_m(s)	L(m)
百年一遇高水位	-14m	8.24	7.21	7.04	6.13	4.17	15.91	189.98
	-13m	7.96	6.98	6.82	5.95	4.06	15.91	184.39
	-12m	7.68	6.75	6.60	5.77	3.96	15.91	178.56
	-11m	7.40	6.52	6.38	5.59	3.86	15.91	172.46
	-10m	7.11	6.29	6.15	5.41	3.77	15.91	166.05
	-9m	6.82	6.06	5.93	5.23	3.67	15.91	159.31
	-8m	6.52	5.82	5.70	5.05	3.58	15.91	152.17

续上表

水位	等深线	$H_{1\%}$(m)	$H_{4\%}$(m)	$H_{5\%}$(m)	$H_{13\%}$(m)	$\bar{H}$(m)	T_m(s)	L(m)
百年一遇高水位	-7m	6.21	5.57	5.47	4.87	3.50	15.91	144.58
	-6m	5.88	5.32	5.23	4.69	3.43	15.91	136.43
	-5m	(5.29)	5.06	4.98	4.52	3.37	15.91	127.56
	-4m	(4.54)	(4.54)	(4.54)	4.34	3.33	15.91	117.71
	-3m	(3.79)	(3.79)	(3.79)	(3.79)	3.32	15.91	106.45
	-2m	(3.02)	(3.02)	(3.02)	(3.02)	(3.02)	15.91	93.00
	-1m	(2.25)	(2.25)	(2.25)	(2.25)	(2.25)	15.91	76.12
极端高水位	-14m	8.21	7.19	7.02	6.11	4.16	15.91	189.54
	-13m	7.94	6.97	6.80	5.93	4.06	15.91	183.93
	-12m	7.66	6.74	6.58	5.75	3.95	15.91	178.08
	-11m	7.37	6.51	6.36	5.57	3.85	15.91	171.96
	-10m	7.09	6.27	6.14	5.40	3.76	15.91	165.53
	-9m	6.79	6.04	5.91	5.22	3.67	15.91	158.75
	-8m	6.49	5.80	5.68	5.04	3.58	15.91	151.58
	-7m	6.18	5.55	5.45	4.86	3.50	15.91	143.95
	-6m	5.85	5.30	5.21	4.68	3.42	15.91	135.75
	-5m	(5.23)	5.04	4.96	4.50	3.36	15.91	126.81
	-4m	(4.48)	(4.48)	(4.48)	4.32	3.32	15.91	116.87
	-3m	(3.73)	(3.73)	(3.73)	(3.73)	3.32	15.91	105.47
	-2m	(2.96)	(2.96)	(2.96)	(2.96)	(2.96)	15.91	91.80
	-1m	(2.18)	(2.18)	(2.18)	(2.18)	(2.18)	15.91	74.58
设计高水位	-14m	8.06	7.06	6.90	6.01	4.10	15.91	186.37
	-13m	7.78	6.84	6.68	5.83	4.00	15.91	180.63
	-12m	7.50	6.61	6.45	5.65	3.90	15.91	174.63
	-11m	7.21	6.37	6.23	5.47	3.80	15.91	168.33
	-10m	6.92	6.14	6.01	5.29	3.70	15.91	161.71
	-9m	6.62	5.90	5.78	5.11	3.61	15.91	154.72
	-8m	6.32	5.66	5.55	4.94	3.53	15.91	147.30

续上表

水位	等深线	$H_{1\%}$(m)	$H_{4\%}$(m)	$H_{5\%}$(m)	$H_{13\%}$(m)	$\bar{H}$(m)	T_m(s)	L(m)
设计高水位	-7m	6.00	5.41	5.31	4.76	3.45	15.91	139.35
	-6m	(5.55)	5.15	5.07	4.58	3.39	15.91	130.76
	-5m	(4.81)	(4.81)	(4.81)	4.40	3.34	15.91	121.29
	-4m	(4.05)	(4.05)	(4.05)	(4.05)	3.32	15.91	110.59
	-3m	(3.29)	(3.29)	(3.29)	(3.29)	(3.29)	15.91	98.02
	-2m	(2.52)	(2.52)	(2.52)	(2.52)	(2.52)	15.91	82.52
	-1m	(1.74)	(1.74)	(1.74)	(1.74)	(1.74)	15.91	62.55

注：表中括号内的数据表示该处波浪已破碎。

(3)工程后港内波高计算及方案对比分析

①两开口方案港区波高计算。

采用 MIKE21-BW 计算软件，即 Boussinesq 方程波浪数学模型，对工程后波浪场进行模拟，得到港内波高分布并分析船舶泊稳条件。计算边界位于 -14.5m 等深线处，计算各设计方案在设计高水位，重现期 50 年和 2 年作用下港区波高分布、起始波浪要素见表 3-16。

工程后港区边界(-14.5m 等深线处)波浪要素　　表 3-16

浪　向	重现期	$H_{1\%}$(m)	$H_{4\%}$(m)	$H_{5\%}$(m)	$H_{13\%}$(m)	$\bar{H}$(m)	T_s(s)
SSE	50 年	8.46	7.41	7.23	6.28	4.27	18.30
	2 年	5.33	4.56	4.44	3.77	2.45	15.19
S	50 年	8.43	7.38	7.20	6.26	4.25	18.30
	2 年	5.30	4.54	4.42	3.76	2.44	15.19
SSW	50 年	8.39	7.33	7.16	6.22	4.22	18.30
	2 年	5.27	4.52	4.39	3.73	2.42	15.19

方案的描述见表 3-10，对不同方案组合，在 S 向、SSW 向和 SSE 向浪作用下港内波高均进行了模拟计算。各方案在设计高水位重现期 2 年作用下港区波高分布如图 3-11 ~ 图 3-13 所示。

由于受防波堤的掩护，各方案港内波高较小，在 SSW 向浪作用下，由于防波堤的掩护效果较 SSE 向和 S 向差，进入港内的波浪增多。西侧防波堤堤头位置不同的方案 1 ~ 方案 5 对港内的波高影响不大。方案 6 ~ 方案 10 西侧防波堤位置相同,东侧防波堤进一步缩短后对港内掩护效果减小,港内的波高增大较大,所以东堤不宜缩短。

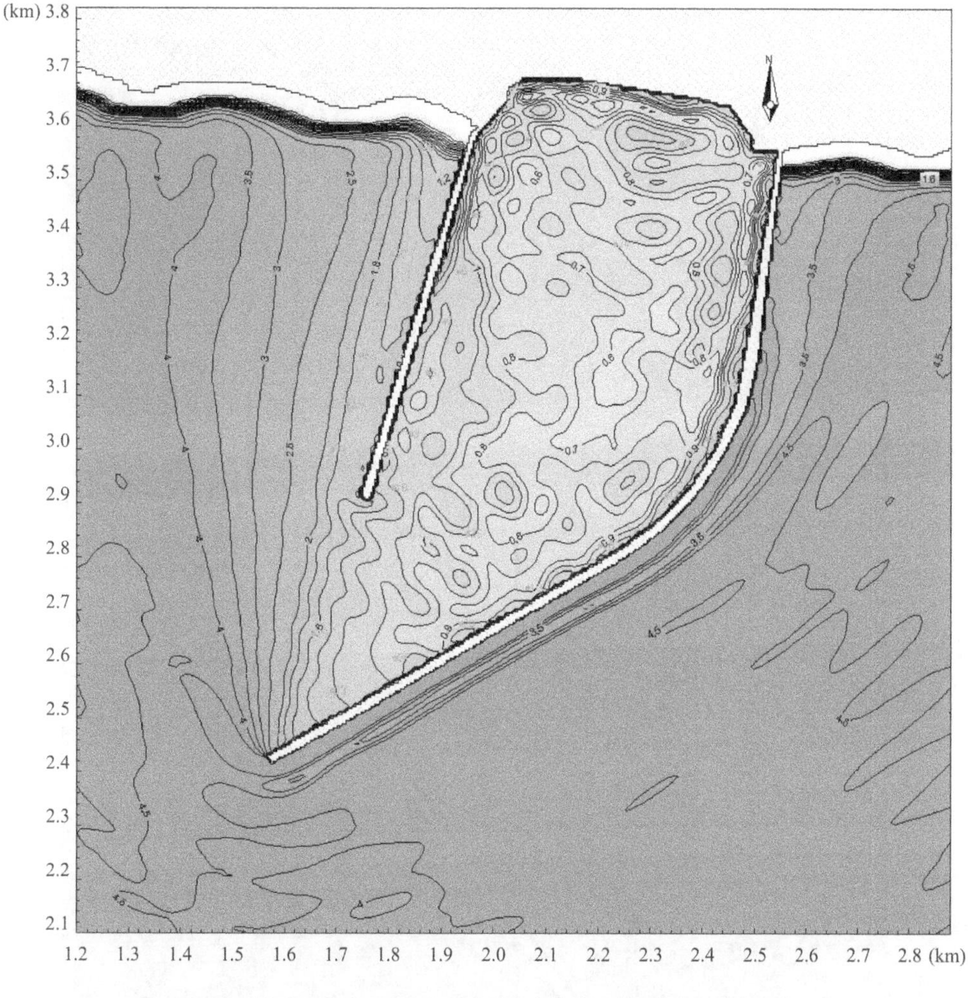

图3-11 典型方案S向浪重现期2年设计高水位作用下港内 $H_{4\%}$ 波高分布(m)

作业波高标准根据设计方提出的要求,码头前沿分别按照0.5m、0.6m和0.8m考虑给出不满足该标准的天数,结果见表3-17。根据工程近岸-10m等深线处波浪分频分级结果分析,除方案10外,其余方案在主要计算浪向波浪作用下均没有作业损失天数。方案10在波高0.5m标准时年损失作业天数为102天,在0.6m标准时年损失作业天数为21天,在0.8m标准没有作业天数的损失。

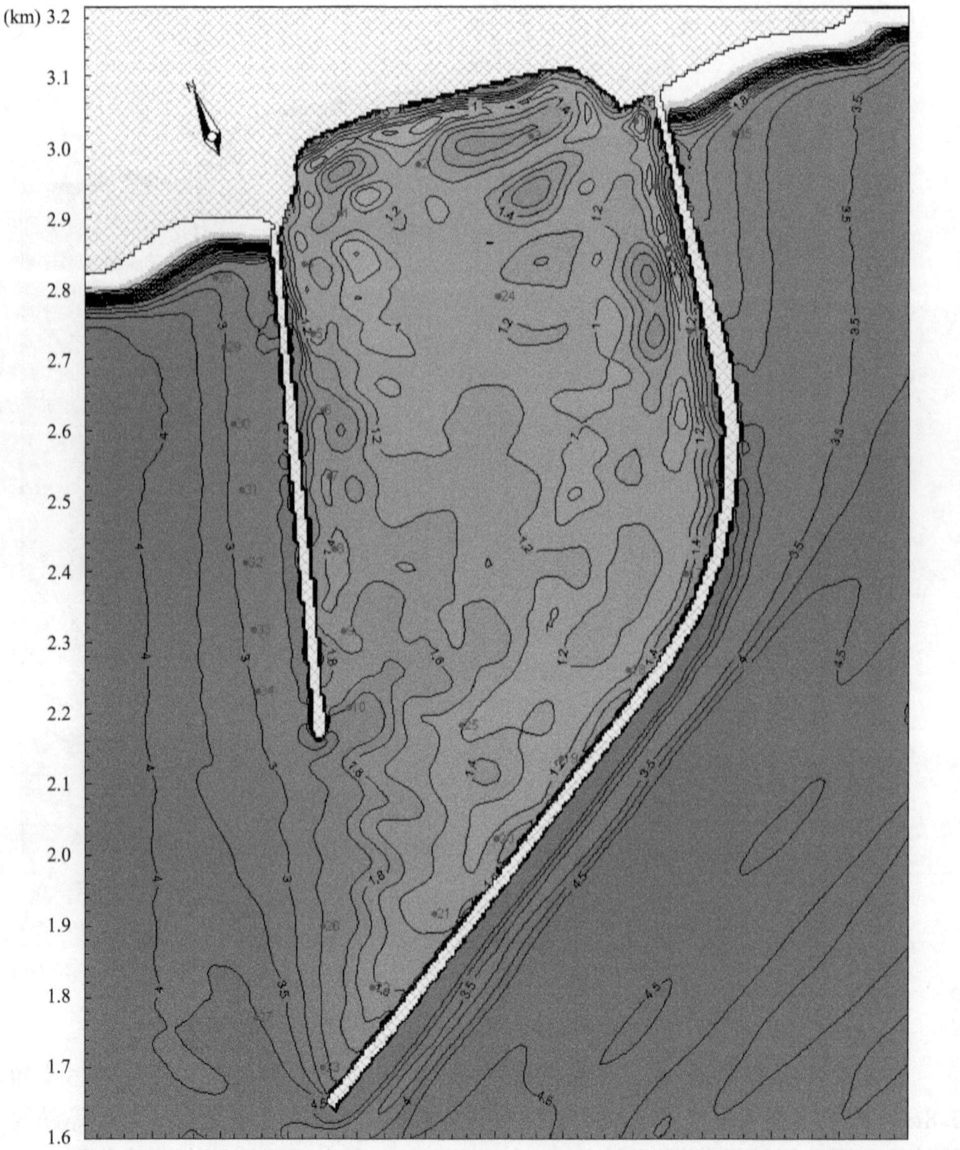

图 3-12 典型方案 SSW 向浪重现期 2 年设计高水位作用下港内 $H_{4\%}$ 波高分布(m)

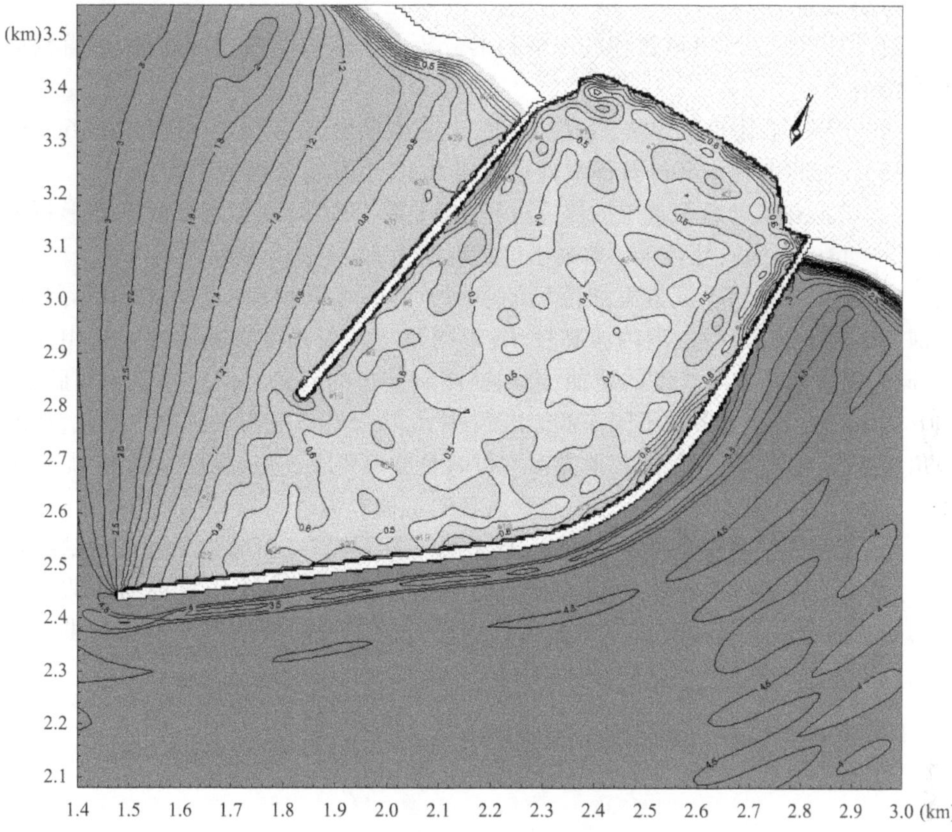

图3-13 典型方案SSE向浪重现期2年设计高水位作用下港内$H_{4\%}$波高分布(m)

不同方案作业天数损失(天/年) 表3-17

方 案	控制波高(m)	高桩码头		
		SSE向	S向	SSW向
方案1~方案9	0.5	0	0	0
	0.6	0	0	0
	0.8	0	0	0
方案10	0.5	0	102	0
	0.6	0	21	0
	0.8	0	0	0

5)小结

通过对工程区现有风速和波浪资料的分析及波浪数学模型的计算,可得到如下主要结论:

(1)根据工程附近气象站20年风速资料,重现期为50年最大风速为20.96m/s。

(2)工程区外海-40m等深线处重现期为50年$H_{13\%}$波高为7.07m。

(3)波浪在从外海至近岸的传播过程中,主要受底摩阻、波浪破碎和地形折射影响。-13m等深线处百年一遇高水位重现期为50年$H_{13\%}$波高为6.09m。

(4)根据工程后不同方案波浪场的模拟,可知:在模拟浪向波浪作用下,双堤环抱方案掩护效果较好,港内波高较小;不同西防波堤长度方案港内波高相差不大;同时随着东防波堤长度的增加,港内波高有减小的趋势。但对作业天数而言,除方案10外,其他方案在不同作业标准条件下,均没有作业损失天数。因此,从波浪角度来看,除方案10外的其他方案均可满足波浪要求,应从电厂温出水、泥沙淤积情况及经济角度进行综合考虑,选取适宜的工程方案。

(5)工程海区波浪条件恶劣复杂,且实测资料不充分,但通过工程现场踏勘走访,尽可能地收集相关资料,使其在研究过程中得到了充分利用,同时所作假定均按偏安全情况考虑,因此,研究成果可以为设计施工及随后的研究工作提供参考依据。

第4章　长周期波浪对防波堤设计关键技术影响物理模型试验研究

4.1　物理模型模拟关键技术与手段

4.1.1　波浪断面物理模型试验

1)试验设备

试验在风浪流水槽(一般尺寸为1.0m宽)中进行,如图4-1、图4-2所示。水槽顶部安装半圆形风罩,尾端安装变频轴流风机(图4-3),用于风的模拟,最大造风能力为14m/s。造波机为电机伺服驱动推板吸收式造波机,可以产生规则波与不规则波。该设备由生波机械、电伺服控制系统、计算机和无反射模块组成,如图4-4所示。其生波原理为:造波试验时,由计算机根据输入的造波参数计算出目标波浪的板前波浪信号,并按一定算法将其转换成相当于造波板运动速度和位置的数据,输入D/A转换器中,D/A转换器将数字量信号转换为伺服驱动器所需要的模拟电压信号,由伺服驱动器输出脉冲信号控制伺服电机的转速和转动角度,通过滚珠丝杠副驱动直线运动单元带动推波板在水中按照预定的运动规律运动,从而实现所期望的波浪;伺服驱动器直接对电机编码器反馈信号进行采样,内部构成速度闭环控制以提高控制精度与运动速度的稳定性,避免电机丢步现象;同时,控制采集卡接收电机编码器的反馈信号,实时跟踪造波板的运动位置,外部构成位置闭环以提高推波板的定位精度;用波高传感器实时采集造波板前的波浪信号,并输入计算机中与目标波浪相比较,以提取(分离)反射波信号,并将该信号以反相形式加到控制信号中去,使造波板的运动附加一个可消除二次反射波的位移运动,实现可吸收二次反射波的造波功能。

水槽两端均设有消波装置和连通管,连通管可使试验过程中模型两侧的水位保持不变。

模型高程用水准仪控制,长度用钢尺测量,波高采用TK-2008型波高采集系统进行采集分析,如图4-5所示,波压力数据通过2008型点压力采集系统采集，如图4-6所示。试验过程中采用摄像机记录波面过程和上水、越浪等试验现象。

图4-1　风浪流水槽

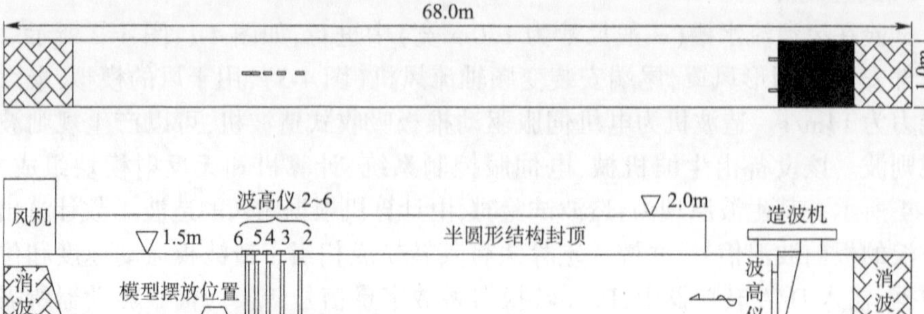

图4-2　风浪流水槽布置图

图4-3　轴流风机与变频控制器

图4-4　吸收式造波机

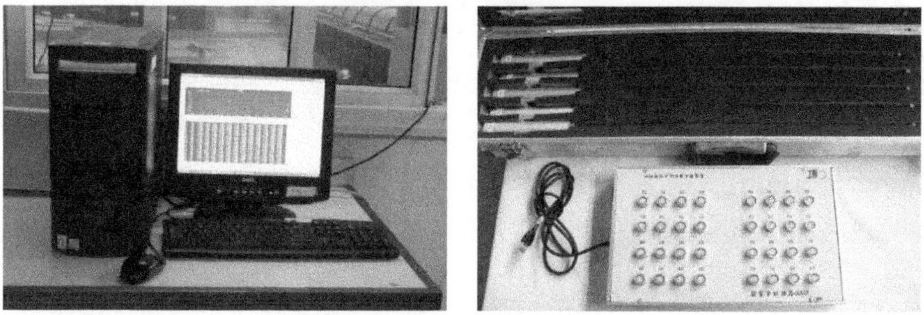

图4-5　TK-2008型波高采集系统

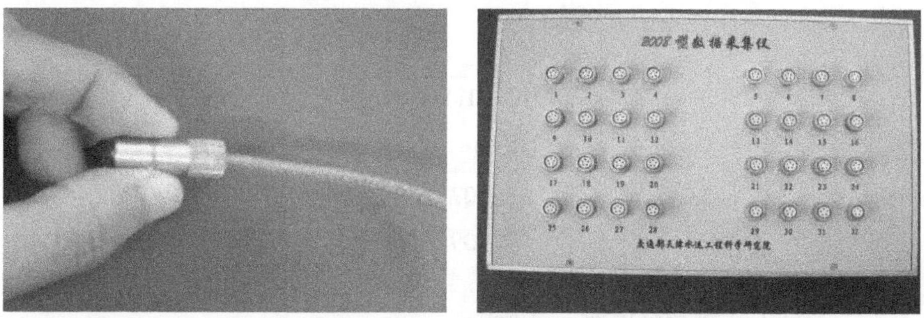

图4-6　2008型点压力采集系统

2)模型设计与制作

波浪断面物理模型试验,按重力相似准则设计,结构断面尺寸满足几何相似,各比尺关系如下:

$$\lambda = \frac{l_p}{l_m} \tag{4-1}$$

$$\lambda_t = \lambda^{1/2} \tag{4-2}$$

$$\lambda_H = \lambda \tag{4-3}$$

$$\lambda_T = \lambda^{1/2} \tag{4-4}$$

$$\lambda_F = \lambda^3 \tag{4-5}$$

$$\lambda_q = \lambda^{3/2} \tag{4-6}$$

式中：λ——模型长度比尺；

l_p——原型长度；

l_m——模型长度；

λ_t——时间比尺；

λ_H——波高比尺，

λ_T——波周期比尺；

λ_F——力比尺；

λ_q——单宽流量比尺。

3）试验方法

（1）波浪模拟

试验一般采用不规则波进行，对于不规则波采用 JONSWAP 谱模拟。其解析式为：

$$S(f) = \beta_j H_{1/3}^2 T_P^{-4} f^{-5} \exp\left[-\frac{5}{4}(T_P f)^{-4}\right] \times r^{\exp[-(f/f_P-1)^2/2\sigma^2]} \tag{4-7}$$

其中

$$\beta_j = \frac{0.06238}{0.230 + 0.0336r - 0.185(1.9+r)^{-1}}(1.094 - 0.01915\ln r)$$

$$T_P = \bar{T}/[1 - 0.532(r+2.5)^{-0.569}]$$

$$\sigma = \begin{cases} 0.07 & f \leqslant f_p \\ 0.09 & f > f_p \end{cases}$$

式中：r——谱峰因子，试验取 3.3；

f_p——峰频，为谱峰频周期 T_P 的倒数；

$S(f)$——谱密度；

$H_{1/3}$——有效波高；

f——频率；

$\bar{T}$——平均周期。

将给定的有效波高及周期输入计算机进行波谱模拟，经过修正后，使峰频附近谱密度、峰频、谱能量、有效波高等满足《波浪模型试验规程》（JTJ/T 234—2001）要求，即：

①波能谱总能量的允许偏差为±10%；

②峰频模拟值的允许偏差为±5%；

③在谱密度大于或等于0.5倍谱密度峰值的范围内，谱密度分布的允许偏差为±15%；

④有效波高、有效波周期或谱峰周期的允许偏差为±5%；

⑤模拟的波列中1%累积频率波高、有效波与平均波高比值的允许偏差为±15%。

每组波浪要素的波列都保持波个数在100个以上，根据试验要求，在各个水位根据给定的波浪要素进行率定，将最后得到的造波参数存储在计算机中。

正式试验前，均应用小波持续作用一段时间。每个水位条件下模拟原体波浪作用时间按照技术要求进行，以便观察结构在波浪累积作用下的变化情况。

(2)稳定性试验

进行各断面稳定性试验时，每个水位条件下模拟原体波浪作用时间，根据相关规范规定，一般不少于2h(国外一些规范规定一般为6h)，以便观察断面在波浪累积作用下的变化情况。断面中块体的稳定性试验，根据波浪试验规程规定，每组至少重复3次。当3次试验现象差别较大时，增加重复次数。每次断面均需重新摆放。

①挡浪墙稳定性判定。

挡浪墙的失稳形式为滑移与倾斜，试验通过测针和刻度尺测量挡浪墙的位移变化。当观测到挡浪墙发生明显滑动或倾斜时，即失稳。

②护面块体、块石稳定性判定。

护面块体、块石稳定性主要根据试验人员观察到的位移情况进行判定。试验中当累积位移超过块体最大几何尺度一半、块体滑落或跳出时，即判定为失稳；当波浪累计作用下块体位移后产生的缝隙宽度超过最大几何尺度的一半时，也判定为失稳；当没有位移时，即判定为稳定。失稳的断面要进行重复试验，重复试验也失稳的，判定为断面失稳；重复试验不失稳的，加大重复试验次数，分析失稳原因，综合分析情况给出稳定性结论。《防波堤与护岸设计规范》(JTS 154—2018)规定了不同块体的失稳率要求。失稳率的计算按照《波浪模型试验规程》(JTJ/T 234—2001)规定进行。

③护底块石稳定性判定。

在波浪累积作用下观察块石护底形状改变情况，据其表面是否发生明显变形、是否失去护底功能判定其稳定性。

④越浪量的测定。

在波浪水槽中测量，一般在模型试验防波堤断面上挡浪墙中部利用收集越浪水体的装置（装置宽度为0.2m，具体如图4-7所示）对越浪水体进行收集，再通过1000mL规格的量筒测量一个完整波列（模型采用120个波）所收集到的水体总体积，然后利用式（4-8）计算单宽平均越浪量，按比例关系，将模型越浪量换算成原体越浪量。单宽平均越浪量按式（4-8）计算：

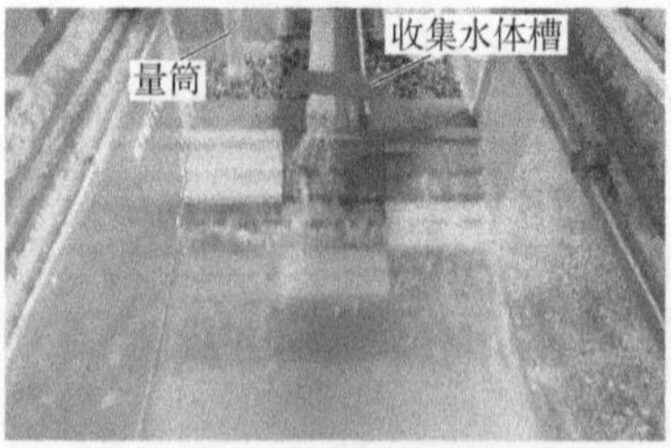

图4-7　收集越浪装置

$$q = \frac{V}{bt} \tag{4-8}$$

式中：q——单宽平均越浪量[L/(m·s)]；

V——1个波列作用下的总越浪水量(L)；

b——收集越浪量的接水宽度(m)，模型上取0.2m接水槽；

t——1个波列作用的持续时间(s)。

⑤挡浪墙波压力测定与分析方法。

对于防波堤上挡浪墙波压力的测定，根据《波浪模型试验规程》(JTJ/T 234—2001)和试验技术要求，在其迎浪面布置点压力传感器来进行，数据通过TK2008型数据采集系统采集、分析。对于规则波作用，连续采集10个波作用的波压力过程；对于不规则波作用，连续采集100个以上波作用的波压力过程，模型采样的时间间隔为0.01s。试验时在静水条件下，对所有测点标零，在静水面以下的测点以此时的静水压强作为对应测点的零点，在静水面以上的测点以此时的大气压强作为零点。试验采集到的压强值为测点实际压强与标零时测点对应压强的差值，亦即所受到的波浪动水压强（试验所给浮托力结果不包含静水浮力）。

对于挡浪墙所受波浪力的分析，先将挡浪墙置于x、z坐标轴所构成的二维直角坐标系内，然后将各测点所代表的面积、压强在该坐标系x、z两个方向上分别进行投影，再由各测点测得压强过程线，利用积分得到在x、z两个方向上所受到的波浪力，最后统计其所受的水平总力、浮托力和垂直总力（浮托力、斜面上竖向分力的合成）。

单位长度挡浪墙受波浪力按式（4-9）计算：

$$\vec{F}_{x,z}(t) = \sum p(t)\vec{s}_{x,z} \tag{4-9}$$

式中：$\vec{F}_{x,z}(t)$——x、z方向所受到的波浪力(kN/m)；

$p(t)$——各测点实测压强(kPa);

$\vec{s}_{x,z}$——测点在x、z方向投影所代表的面积(m^2)。

4.1.2 波浪整体物理模型试验

1)试验设备

试验一般在海岸动力环境综合模拟试验厅水池中进行,试验水池尺寸为长45m,宽40m,高1.0m,如图4-8所示。试验水池中配备先进的L形港池吸收式多方向造波机(图4-9),该造波机造波能力为最大造波水深0.7m,波高0~30cm,周期0.5~5.0s。该造波机为伺服电机驱动可吸收式造波机,由机座、机械传动系统、驱动系统、控制系统、独立供电系统、安全保护系统、推波机构、防尘装置、控制系统和分析系统组成。每块推波板规格为0.5m(宽)×1.0m(高),推波板之间通过刚性转轴连接,共包括144个单元(轴),L形的长边为38m,包括77个单元,短边为33m,包括67个单元。造波时,在其控制系统工程师站上输入所需造波参数,造波程序按照输入的造波参数将其经以太网传输到数据服务器中,数据服务器计算出波面信号,送入控制器,控制器按照控制程序将造波控制信号传输到伺服驱动器中,由伺服驱动器控制伺服电机的运动,直线运动单元将伺服电机输出的轴动转换为推波板的直线往复运动,推动推波板产生期望的水波。

图4-8 试验厅水池

或者在其他港池(图4-10)中进行波浪试验,采用可移动式造波机。该造波机由造波板、伺服放大器、电动缸、计算机及其外设装备组成。造波时,按试验所需波浪输入相应的相关波高、周期参数,由计算机产生相应信号,经D/A转换,由伺服放大器将之与位移反馈信号对比,偏差信号至伺服阀,从而控制电动缸运动,带动推波板产生期望的水波,如图4-11所示。

图4-9　L形港池吸收式多方向造波机

图4-10　波浪试验港池(长42m,宽40m)

图4-11　可移动式造波机

2)模型设计与制作

根据《波浪模型试验规程》(JTJ/T 234—2001),波浪整体物理模型试验按重力相似准则设计,地形和防波堤建筑物尺寸满足几何相似。各物理量比尺关系见表4-1。

模型各物理量比尺　　表4-1

物理量名称	物理量符号	比　尺
长度	L	λ
高度	h	λ
波高	H	λ
波周期	T	$\lambda^{1/2}$
风速	U	$\lambda^{1/2}$
流量	Q	λ^{3}
质量	m	λ^{3}
频率	f	$\lambda^{-1/2}$

续上表

物理量名称	物理量符号	比　尺
力	F	λ^3
单宽流量	q	$\lambda^{3/2}$
压强	p	λ
表中：$\lambda=\frac{l_p}{l_m}$，l_p 为原型长度；l_m 为模型长度		

根据试验场地、试验技术要求以及《波浪模型试验规程》(JTJ/T 234—2001)的规定，整体物理模型试验宜采用正态模型，长度比尺不应大于150。且模型的原始入射波，规则波波高不应小于2cm，波周期不应小于0.5s；不规则波有效波高不应小于2cm，谱峰值周期不应小于0.8s。其他要求按照规范要求进行。

整体模型水域地形的模拟，平面尺寸及高程按几何相似原则制作。场地平面尺寸用钢卷尺测量，模型采用桩点法复制，一般按1.0m×1.0m布设桩点，平面尺寸偏差控制在1cm以内，地形桩点高程用水准仪精确控制，偏差在±1mm以内。模型填沙后用水泥砂浆抹平压光，高程采用水准仪控制，偏差在±1mm以内。模型制作需要进行的流程如图4-12～图4-15所示。

图4-12　地形模拟

图4-13　地形制作

图4-14　水工建筑物制作

图4-15　最终建成模型

3)试验方法

(1)波浪模拟

整体物理模型试验研究一般采用不规则波进行,对于不规则波,采用JONSWAP谱模拟。其解析式为:

$$S(f)=\beta_j H_{1/3}^2 T_P^{-4} f^{-5}\exp\left[-\frac{5}{4}(T_P f)^{-4}\right]\times r^{\exp[-(f/f_P-1)^2/2\sigma^2]} \tag{4-10}$$

其中

$$\beta_j=\frac{0.06238}{0.230+0.0336r-0.185(1.9+r)^{-1}}(1.094-0.01915\ln r)$$

$$T_P=\bar{T}/[1-0.532(r+2.5)^{-0.569}]$$

$$\sigma=\begin{cases}0.07 & f\leqslant f_P\\ 0.09 & f>f_P\end{cases}$$

式中:r——谱峰因子,试验取3.3;

f_P——峰频,为谱峰频周期T_P的倒数;

$S(f)$——谱密度;

$H_{1/3}$——有效波高;

f——频率;

$\bar{T}$——平均周期。

将给定的有效波高及周期输入计算机进行波谱模拟,经过修正后,使峰频附近谱密度、峰频、谱能量、有效波高等满足《波浪模型试验规程》(JTJ/T 234—2001)要求,即:

①波能谱总能量的允许偏差为±10%;

②峰频模拟值的允许偏差为±5%;

③在谱密度大于或等于0.5倍谱密度峰值的范围内,谱密度分布的允许偏差为±15%;

④有效波高、有效波周期或谱峰周期的允许偏差为±5%;

⑤模拟的波列中1%累积频率波高、有效波与平均波高比值的允许偏差为±15%。

每组波浪要素的波列都保持波个数在100个以上,根据试验要求,在各个水位根据给定的波浪要素进行率定,将最后得到的造波参数存储在计算机中。

(2)试验步骤及试验数据处理方法

试验首先在原始地形情况下,率定原始波浪要素,以达到试验波浪要素满足目标值的要求。通过调整造波参数,使模拟的波谱谱密度、峰频、谱能量、有效波高等满足试验规程要求。

不规则波每组波浪要素的波列都保持波个数在200个以上。不同情况实测波谱与理论谱对比参见图4-16、图4-17。

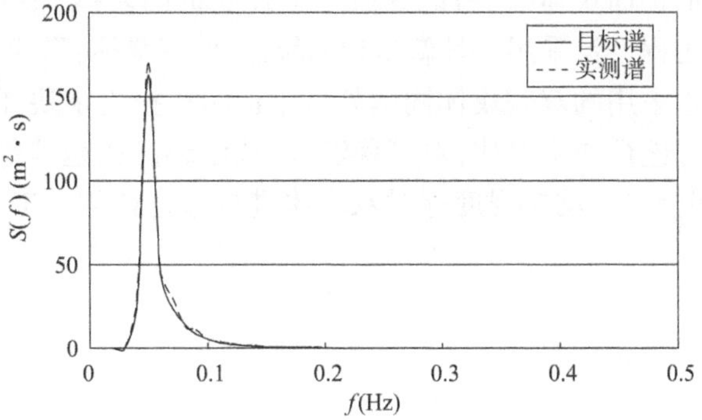

图4-16 极端高水位波浪作用下实测波谱与理论波谱对比

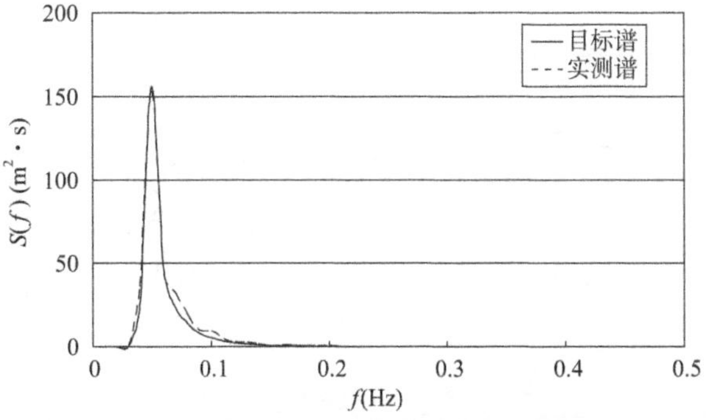

图4-17 设计高水位波浪作用下实测波谱与理论波谱对比

试验资料处理时,波高取3次有效记录的均值,各测波点的波高以比波高和波高的形式给出。比波高为各测点波高与起波边界波高之比。

4.2 典型防波堤工程物理模型试验技术应用

4.2.1 典型工程之一:Cilacap电厂一期防波堤修复工程稳定性试验

1)概述

该工程建成于2007年,由于工程海区水动力环境条件恶劣,防波堤建成后受波浪水流等作用发生了破坏。根据 Cilacap 电厂建设单位要求，需要对已损坏防波堤进行紧急修复，以确保港内已建工程安全。在防波堤修复方案提出后，由于水动力条件恶劣，为保证修复方案可行，以及为设计提供科学依据，进行了防波堤稳定性物理模型试验。

应用结构断面护面块体时，考虑到海外工程受护面块体“专利”的困扰，本次防波堤紧急修复工程设计采用一种新型护面块体，即双联体，形状尺寸图如图 4-18 所示。试验中要求采用的双联块体同国外 Accropode［扭王字块体（a 型）］或改型扭王字块体（b 型）进行同步对比，对其稳定性、波浪爬高或越浪等情况进行测试，并结合块体的预制、安装难易程度等对双联体进行综合评估。工程平面布置见前面相应章节。

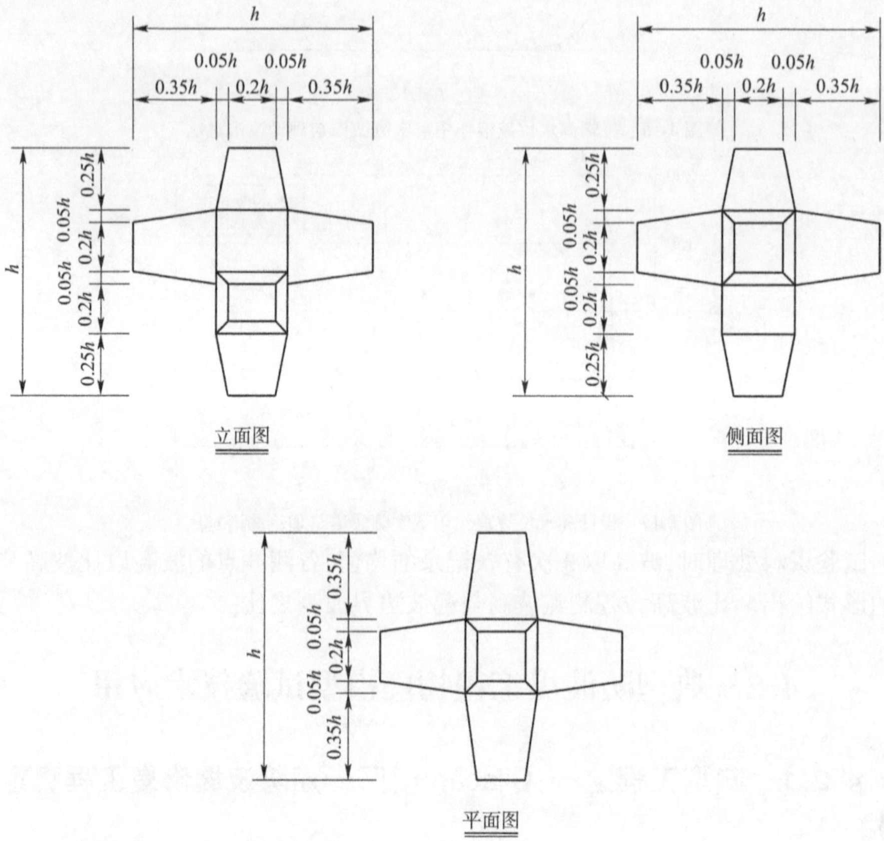

说明：块体体积为$V=0.1558h^3$，与扭工字块体(b型)体积接近。

图 4-18　双联块体形状尺寸图

2)试验依据条件

(1)试验水位(以附近理论最低潮面为基准)

极端高水位：+2.97m(重现期50年)；

设计高水位：+2.46m；

设计低水位：+0.42m。

(2)波浪要素

稳定性试验波浪要素采用第3章数值模拟推算的结果，具体见表4-2。

断面试验波要素　　表4-2

试验断面类型	重现期	设计高水位2.46m		设计低水位0.42m		极端高水位2.97m		周期 $\bar{T}$(s)
		$H_{4\%}$(m)	$H_{13\%}$(m)	$H_{4\%}$(m)	$H_{13\%}$(m)	$H_{4\%}$(m)	$H_{13\%}$(m)	
原设计断面、修改断面	50年	5.57	4.90	(4.95)	4.60	5.68	4.97	13.83
	100年	5.72	5.04	(4.96)	4.74	5.83	5.12	13.98
施工断面	5年	4.42	3.79	4.07	3.57	—	—	12.41

注：表中括号内数字为极限波高。

(3)试验方案

本次试验分别对防波堤工程的设计方案、优化对比方案和防波堤施工期方案结构断面稳定性进行了研究。

原设计断面：断面形式为斜坡式，如图4-19所示。堤顶高程为+8.0m，天然泥面高程为-6.0m，护底块石为400~600kg；护面块体为8t双联块体，由海侧一直护至港侧+3.5m戗台位置，垫层块石为700~1000kg；港侧+3.5m戗台以下为200~300kg块石护面，坡度均为1:2。

修改断面：根据原设计断面的试验结果，波浪作用下断面中存在块体失稳，因此进行了修改，断面如图4-20所示。修改即将400~600kg护底块石加厚至8t双联块体高度的一半，起支撑和掩护第一排8t双联块体作用；在港侧+3.5m戗台位置将原来的200~300kg块石改成表层为1.0m厚的压浆混凝土盖顶，其余结构与原设计相同。

施工断面：即在修改断面的基础上，在外侧不铺设8t双联块体，仅用700~1000kg垫层块石作为护面；或者仅在海侧铺设8t双联块体至+3.0m高程附近，其余仍用700~1000kg块石护面。

3)试验方法

(1)模型设计与制作

稳定性模型按重力相似准则设计，结构断面尺寸满足几何相似，各比尺关系见表4-3。

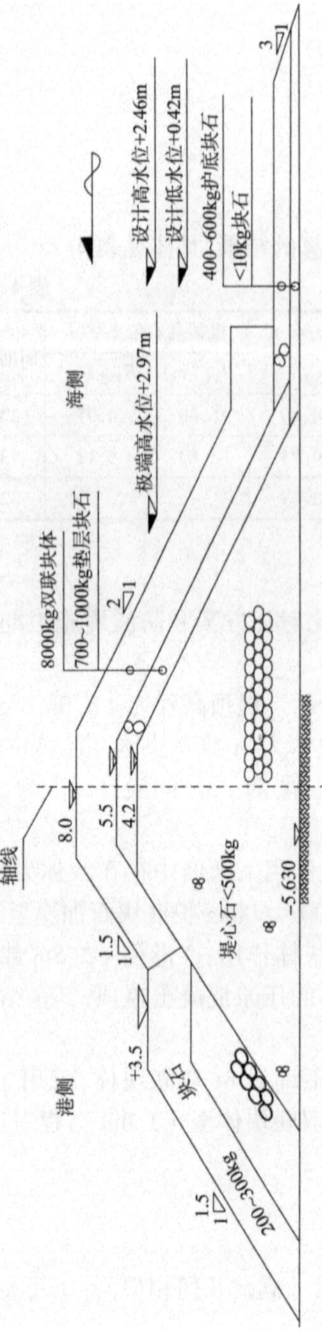

图 4-19 防波堤原设计断面（高程单位：m）

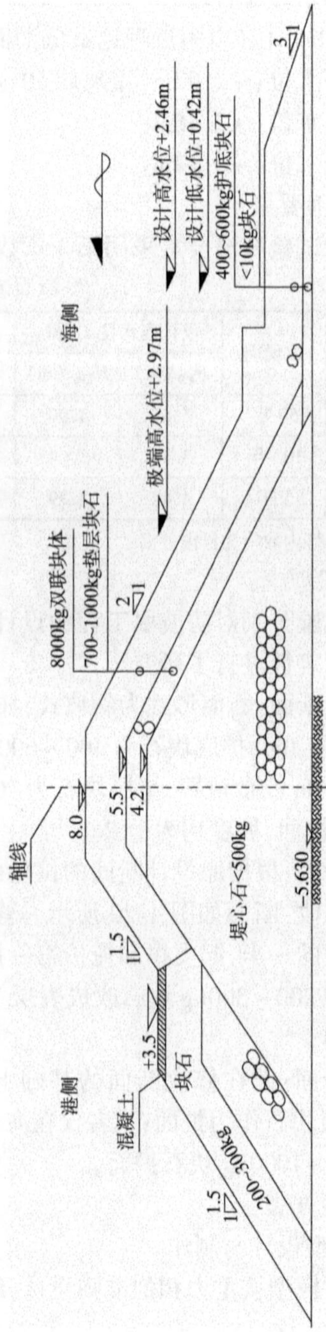

图 4-20 防波堤修改断面（高程单位：m）

模型各物理量比尺　　表4-3

物理量名称	物理量符号	比　尺
长度	L	λ
高度	h	λ
波高	H	λ
波周期	T	$\lambda^{1/2}$
流量	Q	λ^3
质量	m	λ^3
频率	f	$\lambda^{-1/2}$
力	F	λ^3
单宽流量	q	$\lambda^{3/2}$
表中：$\lambda=\frac{l_p}{l_m}$，l_p 为原型长度；l_m 为模型长度		

根据试验场地、现有块体质量及试验要求，模型选用几何比尺 $\lambda=30$，力比尺 $\lambda_F=27000$，时间比尺 $\lambda_t=5.48$，单宽流量比尺 $\lambda_q=164.32$。

(2)波浪模拟

根据试验技术要求，波谱选择 JONSWAP 谱，其解析式同第4.1节式(4-7)。

4)试验结果与分析

(1)原设计断面试验

根据防波堤修复方案，按照试验比尺，进行模型制作。结构断面在水槽内的模型布置如图4-21所示。

图4-21　原设计断面模型布置图

根据试验技术要求，在设计低水位+0.42m，重现期为50年、100年波浪作用下，波浪最大爬高至+8.0m，波浪在护面块体表面破碎形成水花越堤，但未形成成片水体，越浪量很小。400~600kg护底块石，在波浪作用下表面有少量块石随波滚

图 4-22 在设计低水位,第一排 8t 双联块体滚落失稳

动,在波峰作用下有块石被推至 8t 护面块体表面,在波浪连续作用 3h 后(原体值,下同),计算其失稳率为 1.26%,未丧失护底功能,因此判定稳定。对于护面的 8t 双联块体,由于靠海侧第一排块体没有受到支撑和掩护,波浪作用下向也被冲上护面块体表面,位移远大于 1/2 块体边长,因此判定为失稳,如图 4-22 所示。试验结果见表 4-4。

原设计断面试验结果 表 4-4

<table>
<tr><th rowspan="3">水位</th><th colspan="5">断面各单元稳定情况</th><th rowspan="3">越浪情况</th></tr>
<tr><th colspan="2">海侧</th><th>堤顶</th><th colspan="2">港侧</th></tr>
<tr><th>400 ~ 600kg 护底块石</th><th>8t 双联块体</th><th>8t 双联块体</th><th>8t 双联块体</th><th>200 ~ 300kg 护面块石</th></tr>
<tr><td>设计低水位 +0.42m</td><td>有滚动,不丧失护底功能,稳定</td><td>仅坡脚第一排滚落,失稳</td><td>稳定</td><td>稳定</td><td>稳定</td><td>爬高至 +8.0m,有溅浪</td></tr>
<tr><td>设计高水位 +2.46m</td><td rowspan="2">稳定</td><td rowspan="2">仅坡脚第一排滚落,失稳</td><td rowspan="2">稳定</td><td rowspan="2">支撑块石失稳而至滚落,失稳</td><td rowspan="2">戗台位置块石冲刷滚落,失稳</td><td rowspan="2">大量越浪,最大水舌厚度为 1.40m,越浪量为 0.1147m³/(m·s)</td></tr>
<tr><td>极端高水位 +2.97m</td></tr>
</table>

在设计高水位、极端高水位,重现期为 50 年、100 年波浪作用下,堤顶存在较大的越浪,测量此时最大水舌厚度为 1.40m,平均为 0.78m,越浪量为 0.1147m^3/(m·s)。对于港侧高程为 +3.5m 的 200 ~ 300kg 块石戗台,在越浪流作用下很快被冲毁,最终导致其上部 8t 双联块体滚落失稳,如图 4-23 所示。400 ~ 600kg 护底块石由于堤前水深增加,块石稳定。对于护面的 8t 双联块体,与设计低水位相同,由于靠海侧第一排块体没有得到支撑,波浪作用下向港侧方向有滚落,因此判定为失稳,如图 4-24 所示。原方案设计断面试验结果见表 4-4。

根据上述试验结果,经设计讨论后确定对原设计断面进行修改,即在海侧坡脚第一排块体前将 400 ~ 600kg 护底块石厚度增加至块体高度的一半;在港侧 200 ~ 300kg 块石戗台位置铺设 1.0m 厚的压浆盖板,分别进行以下试验。

图 4-23 港侧戗台位置铺设栅栏板冲刷失稳

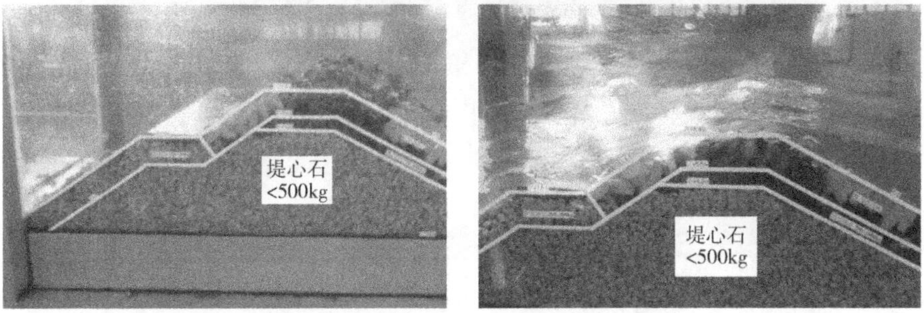

图 4-24 港侧戗台位置铺设 0.9m 混凝土板稳定

(2)修改断面试验

根据试验技内容与要求,断面护面块体分别采用 8t 扭王字块(b 型)和 8t 双联块体进行对比试验,观测其爬高、越浪及稳定性等消浪效果差异。

①护面采用 8t 扭王字块(b 型)。

修改断面模型布置如图 4-25 所示。

图 4-25 修改断面模型布置

在设计低水位 +0.42m,重现期为 50 年、100 年波浪作用下,与原设计断面相同,波浪最大爬高至 +8.0m 高程,且大波在护面块体表面破碎形成水花越堤,但未形成成片水体,即未形成堤后次生波,而高水位波浪作用时,则产生较大越浪,分别如图4-26、图4-27所示。400~600kg护底块石有少量滚动,8t护面块体均保持稳定,试验结果见表4-5。

图4-26　波浪破碎形成溅浪(在设计低水位波浪作用下)

图4-27　大量水体越堤(在高水位波浪作用下)

修改断面试验结果　　表4-5

<table>
<tr><th rowspan="3">水位</th><th rowspan="3">重现期</th><th colspan="5">断面各单元稳定情况</th><th colspan="2" rowspan="2">越浪情况</th></tr>
<tr><th colspan="2">海侧</th><th>堤顶</th><th colspan="2">港侧</th></tr>
<tr><th>400~600kg护底块石</th><th>8t扭王字块(b型)</th><th>8t扭王字块(b型)</th><th>8t扭王字块(b型)</th><th>200~300kg块石</th><th>水舌厚度</th><th>越浪量[$m^3/(m \cdot s)$]</th></tr>
<tr><td rowspan="2">设计低水位</td><td>50年</td><td rowspan="2">有滚动,不丧失护底功能,稳定</td><td rowspan="2">稳定</td><td rowspan="2">稳定</td><td rowspan="2">稳定</td><td rowspan="2">稳定</td><td>水花,未成形水位厚度</td><td>0.0038</td></tr>
<tr><td>100年</td><td>水花,未成形水位厚度</td><td>0.0049</td></tr>
</table>

续上表

<table>
<tr><th rowspan="3">水位</th><th rowspan="3">重现期</th><th colspan="5">断面各单元稳定情况</th><th colspan="2" rowspan="2">越 浪 情 况</th></tr>
<tr><th colspan="2">海侧</th><th>堤顶</th><th colspan="2">港侧</th></tr>
<tr><th>400 ~ 600kg 护底块石</th><th>8t 扭王字块(b 型)</th><th>8t 扭王字块(b 型)</th><th>8t 扭王字块(b 型)</th><th>200 ~ 300kg 块石</th><th>水舌厚度</th><th>越浪量 [$m^3/(m \cdot s)$]</th></tr>
<tr><td rowspan="2">设计高水位</td><td>50 年</td><td rowspan="2">稳定</td><td rowspan="2">稳定</td><td rowspan="2">稳定</td><td rowspan="2">稳定</td><td rowspan="2">稳定</td><td>最大 0.89m,平均 0.38m</td><td>0.0581</td></tr>
<tr><td>100 年</td><td>最大 1.04m,平均 0.53m</td><td>0.0733</td></tr>
<tr><td rowspan="2">极端高水位</td><td>50 年</td><td rowspan="2">稳定</td><td rowspan="2">稳定</td><td rowspan="2">稳定</td><td rowspan="2">稳定</td><td rowspan="2">稳定</td><td>最大 1.56m,平均 0.72m</td><td>0.094</td></tr>
<tr><td>100 年</td><td>最大 1.82m,平均 0.88m</td><td>0.1135</td></tr>
</table>

②护面采用 8t 双联块体。

稳定性断面模型布置如图 4-28 所示。根据试验技术要求,测求双联块体的主要设计参数:稳定系数 K_D、形状系数 c、块体空隙率 $P'(\%)$、糙渗系数 K_Δ 和每 100m^2 护面块体个数 N。

图 4-28 稳定性断面模型布置

a. 稳定系数 K_D 的测求。

对于 K_D 值的测求,试验条件选择设计高水位,采用不同的 $H_{13\%}$ 有效波高,同一周期 $\bar{T}=13.83$s 进行试验。按《防波堤与护岸设计规范》(JTS 154—2018)中计算单个块体的稳定质量计算式[式(4-11)],在已知块体质量 $W=8$t 时,反推 K_D 值。在测量过程中堤顶(+8.0m 高程)均有不同程度越浪,通过观测块体在波浪作用下所处的不同状态，计算得到不同的 K_D 值，结果见表4-6。

$$K_D = 0.1\frac{\gamma_b H^3}{W(S_b-1)^3\cot\alpha} \tag{4-11}$$

其中

$$S_b = \frac{\gamma_b}{\gamma}$$

式中：W——单个块体的稳定质量(t)；

γ_b——块体材料的重度(kN/m^3)，$\gamma_b = 23.0$kN/m^3；

γ——(海)水的重度(kN/m^3)，$\gamma = 10.25$kN/m^3；

H——设计波高(m)；

K_D——块体稳定系数；

α——斜坡与水平面的夹角(°)，$\cot\alpha = 2$。

K_D 值试验结果 表4-6

水位	设计波高 $H_{13\%}$(m)	周期 $\bar{T}$(s)	双联块体质量 W(t)	cotα	计算得 K_D 值	观测失稳率 n (%)
设计高水位 +2.46m	4.50	13.83	8	2	6.81	0
	4.92				8.89	0
	5.53				12.63	0
	6.16				17.46	0
	6.45				20.04	有晃动，认为临界稳定
	6.71				22.56	0.476
	7.17				27.53	1.43

b. 形状系数 c 的测求。

同样按《防波堤与护岸设计规范》(JTS 154—2018)中计算护面块体厚度的计算式[式(4-12)]，选取断面不同位置测量斜坡上护面块体厚度 h，反推 c 值，计算得到 $c = 1.524$。

$$h = n'c\left(\frac{W}{0.1\gamma_b}\right)^{1/3} \tag{4-12}$$

式中：h——护面层厚度(m)，在模型上分别测量断面不同位置护面的厚度，结果见表4-7；

γ_b——块体材料的重度(kN/m^3)，$\gamma_b = 23.0$kN/m^3；

W——单个块体的稳定质量(t)；

n'——护面块体的层数，为1。

测量护面层厚度　　表4-7

测量断面位置	堤顶(平台)	拐　角	斜　坡	平 均 值
测量厚度(m)	2.34	2.31	2.28	2.31

c. 每 $100m^2$ 护面块体个数 N 的测求。

按照模型试验断面护面块体面积所摆放的块体数，转化原体 $100m^2$ 护面块体个数 N，转化后的结果见表4-8。由表结果可知，模型上摆放块体数量最多为333块，最少为308块，每 $100m^2$ 护面块体个数 N 平均为25.18块。

摆放块体数量　　表4-8

参　数	第1次摆放	第2次摆放	第3次摆放	第4次摆放	平 均 值
模型上 $1.4165m^2$ 摆放数量(块)	319	308	333	324	321
原体每 $100m^2$ 护面块体个数 N(块)	25.02	24.16	26.12	25.41	25.18

d. 空隙率 P'(%)的测求。

同样按《防波堤与护岸设计规范》(JTS 154—2018)中计算护面块体摆放个数的计算式[式(4-13)]，通过上述计算得到的 N 和 c 值，反推得到 $P'=62.23\%$。

$$N = An'c(1-P')\left(\frac{0.1\gamma_b}{W}\right)^{2/3} \tag{4-13}$$

式中：N——每 $100m^2$ 护面块体个数(块)；

W——单个块体的稳定质量(t)；

γ_b——块体材料的重度(kN/m^3)，$\gamma_b=23.0kN/m^3$；

n'——护面块体的层数，为1；

c——块体形状系数，计算得到1.524；

P'——空隙率(%)。

由上述 N 的计算结果，可推求 P' 值，结果见表4-9。

空隙率测量结果　　表4-9

参　数	第1次摆放	第2次摆放	第3次摆放	第4次摆放	平 均 值
原体每 $100m^2$ 护面块体个数 N(块)	25.02	24.16	26.12	25.41	25.18
空隙率 P'(%)	62.31	63.61	60.65	61.72	62.07

e. 糙渗系数 K_Δ 的测求。

推算方法：在断面迎浪侧护面分别采用不透水板（其糙渗系数 $K_\Delta = 1.0$）和双联块体两种材质进行对比试验，观测在同一试验条件下（采用设计低水位，规则波作用）的波浪爬高，将两次得到的爬高进行比较，从而得到双联块体糙渗系数 $K_\Delta = 0.45$。

（3）施工断面试验

①断面采用 700～1000kg 大块石护面。

通过试验观测，波浪作用的堤顶 700～1000kg 块石有少量冲至港池，护面被冲刷如图 4-29、图 4-30 所示，在波浪连续作用 3h 后，护面形状发生变化，计算其失稳率为 6.78%，因此判定为失稳。断面其他各部分稳定。试验结果见表 4-10。

图 4-29　波浪越过堤顶试验场景

图 4-30　700～1000kg 护顶块石被冲至港侧

施工断面试验结果(护面全部为700～1000kg块石)　　表4-10

水位	断面各单元稳定情况					越浪情况
	海侧		堤顶	港侧		
	400～600kg护底块石	700～1000kg护面块石	700～1000kg护面块石	700～1000kg护面块石	200～300kg护面块石	
设计低水位+0.42m	稳定	滚落,形状发生改变,失稳率为5.09%,判定失稳	稳定	稳定	稳定	爬高至+4.2m
设计高水位+2.46m	稳定	静水位附近被冲刷,失稳率为6.78%,判定失稳	有向港侧滚落,形状发生改变,判定失稳	滚落,形状发生改变,判定失稳	稳定	大量越浪,最大水舌厚度为1.06m,越浪量为0.0738m³/(m·s)

②断面采用700～1000kg块石+铺设8t双联块体组合护面。

断面模型布置如图4-31所示。

图4-31　断面模型布置

在设计低水位+0.42m、重现期为5年波浪作用下,由于块体的掩护,波浪连续作用3h后,断面各部分均稳定。试验结果见表4-11。

在设计高水位+2.46m、重现期为5年波浪作用下,堤顶700～1000kg块石被冲至港池,在波浪连续作用3h后,护面形状发生改变,计算其失稳率为3.45%,因此判定为失稳。最上一排8t双联块体(即+3.0m附近)由于没有块体支撑,波浪作用下移动位移大于半个块体长度,因此判定为失稳。断面其他各部分稳定。试验结果见表4-11。

施工断面试验结果(护面全部为 700 ~ 1000kg 块石 + 8t 双联块体)　　表 4-11

<table>
<tr><td rowspan="3">水位</td><td colspan="5">断面各单元稳定情况</td><td rowspan="3">越浪情况</td></tr>
<tr><td colspan="2">海侧</td><td>堤顶</td><td colspan="2">港侧</td></tr>
<tr><td>400 ~ 600kg 护底块石</td><td>8t 双联块体</td><td>700 ~ 1000kg 护面块石</td><td>700 ~ 1000kg 护面块石</td><td>200 ~ 300kg 护面块石</td></tr>
<tr><td>设计低水位 +0.42m</td><td>稳定</td><td>稳定</td><td>稳定</td><td>稳定</td><td>稳定</td><td>爬高至 +4.0m</td></tr>
<tr><td>设计高水位 +2.46m</td><td>稳定</td><td>最上一排有位移,判定失稳</td><td>滚落港侧,形状发生改变,失稳率为 3.45%,判定失稳</td><td>滚落,判定失稳</td><td>稳定</td><td>大量越浪,最大水舌厚度为 0.75m,越浪量为 $0.040m^3/(m \cdot s)$</td></tr>
</table>

从上述施工断面试验结果来看,施工时应尽量选择在小浪条件下进行,或者边施工边采用 8t 双联块体进行护面。

(4)8t 扭王字块(b 型)与 8t 双联块体比较分析

根据上述试验结果,将 8t 双联块体与 8t 扭王字块(b 型)安放块数、越浪情况等进行对比,对比结果见表 4-12。由对比结果可知,双联块体优于扭王字块。不同护面块体波浪作用,试验现象如图 4-32、图 4-33 所示。

8t 扭王字块(b 型)与 8t 双联块体对比情况　　表 4-12

<table>
<tr><td rowspan="2">块体类型</td><td colspan="5">比较项目</td></tr>
<tr><td>块体体积</td><td>波浪爬高</td><td>越浪</td><td>安放块数($100m^2$)</td><td>安放难易程度</td></tr>
<tr><td>8t 扭王字块(b 型)</td><td>$V=0.265h^3$ (h 为块体边长,下同)</td><td>在设计低水位,爬高 +5.5m 高程</td><td>极端高水位越浪量为 $0.1135m^3/(m \cdot s)$</td><td>平均安放 29.0 块</td><td>可随机摆放(也可规则摆放,但个数增加 10% 以上)</td></tr>
<tr><td>8t 双联块体</td><td>$V=0.156h^3$</td><td>在设计低水位,爬高 +5.10m 高程</td><td>极端高水位越浪量为 $0.0848m^3/(m \cdot s)$</td><td>平均安放 26.0 块</td><td>容易随机摆放</td></tr>
<tr><td>对比总结</td><td>在相同块体质量条件下,8t 双联块体大于 8t 扭王字块(b 型),从而有利节省材料</td><td>两者相差 0.40m,从爬高的结果来看,8t 双联块体消浪好于 8t 扭王字块(b 型)</td><td>由测量越浪结果可知,8t 双联块体消浪好于 8t 扭王字块(b 型)</td><td>从模型的摆放数量可知,每 $100m^2$ 8t 双联块体比 8t 扭王字块(b 型)少 8.81%</td><td>8t 双联块体容易随机摆放</td></tr>
</table>

图 4-32　波浪破碎形成溅浪[8t 扭王字块(b 型)断面]

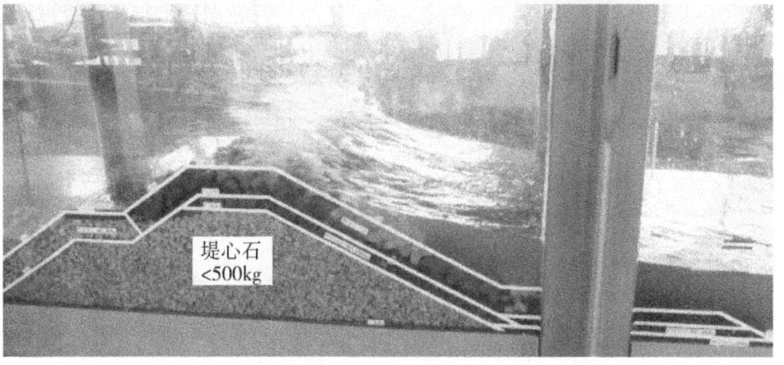

图 4-33　波浪破碎,形成溅浪(8t 双联块体护面)

5)小结

(1)原设计断面:重现期为 50 年、100 年波浪作用下,8t 双联块体坡脚个别移动,港侧 200 ~ 300kg 块石失稳,断面其他各部分均稳定。

(2)修改断面:重现期为 50 年、100 年波浪作用下,在采用 8t 扭王字块(b 型)和 8t 双联块体护面对比试验中,断面各部分均稳定,低水位堤堤顶不越浪,但高水位存均在较大越浪,且采用 8t 扭王字块(b 型)护面断面大于 8t 双联块体护面,最大为极端高水位重现期为 100 年波浪作用,最大水舌厚度为 1.82m,平均为 0.88m,越浪量为 0.1135m^3/(m · s),越浪形成堤后次生波,P_1、P_2 位置 $H_{13\%}$ 分别为1.21m、0.69m。

(3)施工断面:重现期为 5 年波浪作用下,护面只安放了外侧 700 ~ 1000kg 块石时,块石失稳;护面部分安放 8t 双联块体(至高程 +3.0m 附近),其余仍安放 700 ~ 1000kg 块石时,700 ~ 1000kg 块石失稳,8t 双联块体失稳(在高程 +3.0m 附近即最后一排块体因没有支撑存在滑移失稳),断面其他各部分均稳定,因此建议施工时尽量选择在小浪条件下进行,或者边施工边采用 8t 双联块体进行护面。设计低水位堤顶不越浪，设计高水位时越浪，最大水舌厚度为1.06m，平均为0.48m，越浪量为0.0738m^3/(m·s)。

(4)通过对8t双联块体与8t扭王字块体(b型)在消浪、爬高、越浪及每100m^2安放个数等方面进行对比，发现在本项目具体条件下8t双联块体优越于8t扭王字块(b型)。

4.2.2 典型工程之二：Pacitan电厂防波堤工程稳定性试验

1)概述

印度尼西亚Pacitan 2×315MW火电项目位于东爪洼南部海岸Pacitan市Sudimoro区Sukorejo村，距Pacitan市30km，码头位于一弧形海湾湾顶，南临印度洋。工程规划建设两道防波堤，平面布置如图4-34所示。

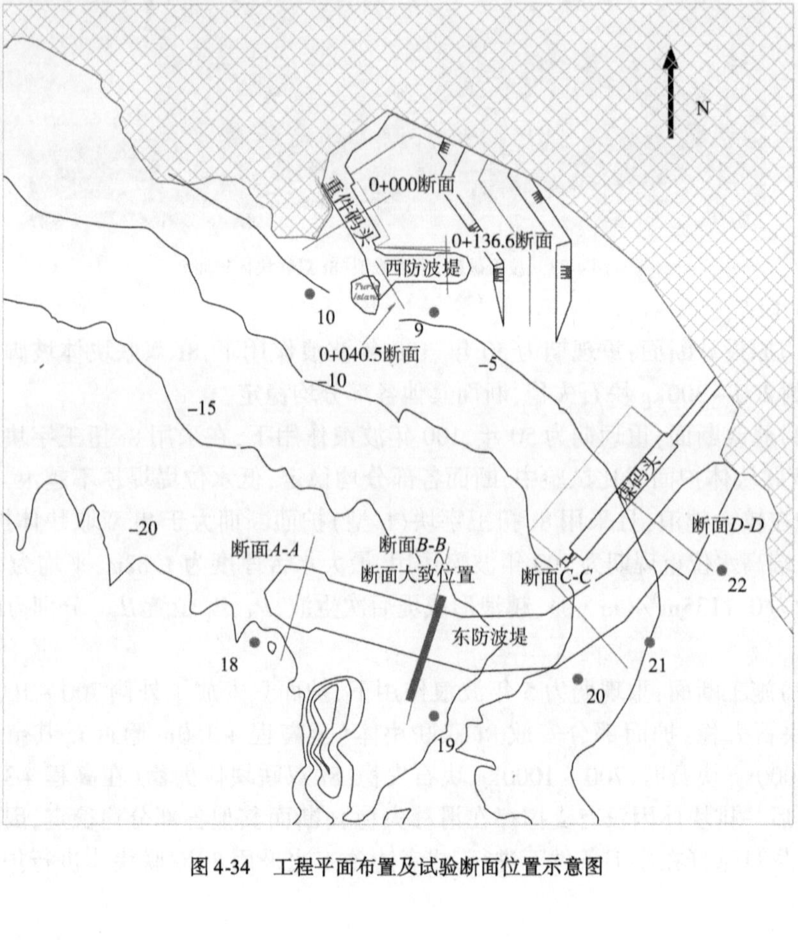

图4-34 工程平面布置及试验断面位置示意图

针对所提供的防波堤设计方案,开展模型试验研究,试验结果表明,设计方案可行。但在防波堤设计方案施工过程中,由于遇到与国内不同的施工条件,且缺少海区波浪的实时监测,在长周期、强浪作用,防波堤发生失稳破坏(图4-35),破坏后防波堤形状无法达到原设计断面,因此设计提出在该破坏形式下,设计新的防波堤方案,针对防波堤新方案,采用物理模型试验再次论证后,新方案可行。为文中便于描述,将新方案定义为新调整方案一。

但在新调整方案一施工过程中,再次遇到现场大浪季,新调整方案一又再发生破坏(图4-36),对此设计又提出新调整方案二,再经试验论证后,新调整方案二可行。

图4-35 原设计方案防波堤破坏情况

图4-36 新调整方案一破坏情况

以下分别针对防波堤原设计方案、新调整方案一和新调整方案二物理模型试验情况分别进行论述。

2)试验依据条件

(1)试验水位(当地理论基础潮面起算)

极端高水位:+3.46m;

设计高水位:+1.92m;

设计低水位:+0.20m。

(2)波浪要素

断面试验波浪要素采用第3章数值模拟推算的结果,具体见表4-13。

试验波浪要素 表4-13

水位	重现期	$H_{1\%}$(m)	$H_{13\%}$(m)	T_{s1}(s)	T_{s2}(s)
极端高水位+3.46m	50年	8.28	5.87	13.8	18.0
设计高水位+1.92m	50年	7.69	5.45	13.8	18.0
	25年	6.00	4.19	13.8	18.0
	10年	5.63	3.76	13.8	18.0

续上表

水　位	重现期	$H_{1\%}$(m)	$H_{13\%}$(m)	T_{s1}(s)	T_{s2}(s)
设计高水位 +1.92m	5 年	4.61	3.04	13.8	18.0
设计低水位 +0.20m	50 年	7.16	5.08	13.8	18.0
	25 年	5.61	3.92	13.8	18.0
	10 年	5.26	3.52	13.8	18.0
	5 年	4.31	2.84	13.8	18.0

(3)试验方案

原设计断面：东防波堤邻近堤头位置断面结构如图 4-37 所示，堤前泥面高程为 -17.0m，堤顶高程为 +8.563m，堤的内、外侧，从 -8.695m 高程至堤顶均采用 12.0t 扭工字块护面，垫层块石重 600 ~ 1200kg；在 -8.35m 高程以下内侧采用 2.0t 扭工字块护面，垫层块石重 100 ~ 200kg，外侧为 3.0t 扭工字块护面，垫层块石为 150 ~ 300kg，坡度均为 1:1.5；在 2.0t、3.0t 扭工字块坡脚采用 100 ~ 300kg 块石作抛石棱体；内、外侧护底均采用重 100 ~ 150kg 块石，端部坡度均为 1:2。堤心石重 10 ~ 1000kg。

新调整断面一：现状断面形式如图 4-38 所示。堤顶高程约为 +5.70m，天然泥面高程为 -18.5m，在海侧高程为 -4.0m 以下安放两层 4t 扭工字块，-4.0m 以上至堤顶拐角处安放两层 15t 扭工字块，由于工程区海况原因，护面块体下未铺设垫层块石，护面块体直接安放在 10 ~ 1000kg 堤心石上，断面港侧与海侧块体护面基本为对称安放。

新调整断面二：在现有断面海侧 70 ~ 48m 范围内(以防波堤轴线为基准)抛填两层 4t 扭工字块；48m 至堤顶(即高程 -6.0m 以上)抛填两层 15t 扭工字块。在防波堤断面外侧 70m 范围外抛填质量为 100 ~ 200kg 的护底块石，护底块石高约 5m，宽 5 ~ 10m。防波堤断面内侧抛填质量为 100 ~ 200kg 的护底块石，护底块石高约 5m，宽 5m。结构断面如图 4-39 所示。

3)试验方法

(1)模型设计与制作

模型按重力相似准则设计，结构断面尺寸满足几何相似，各比尺关系见表 4-14。

根据试验场地、现有块体质量及试验要求，模型选用几何比尺 $\lambda = 36$，力比尺 $\lambda_F = 46656$，时间比尺 $\lambda_t = 6.0$，单宽流量比尺 $\lambda_q = 216$。

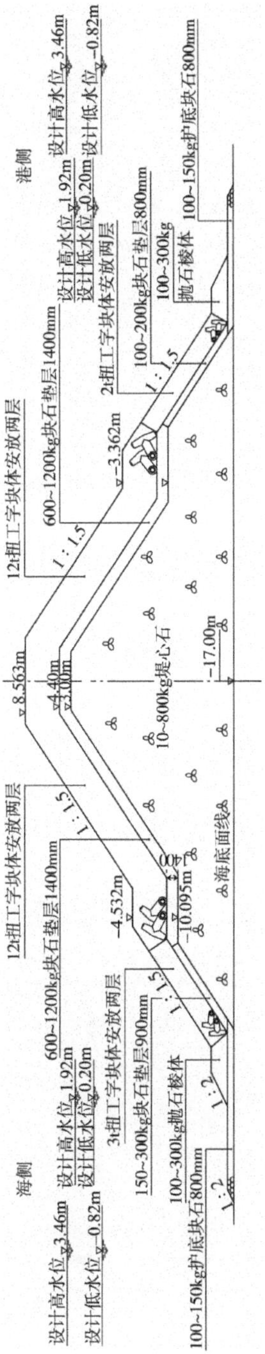

图 4-37　防波堤原设计断面

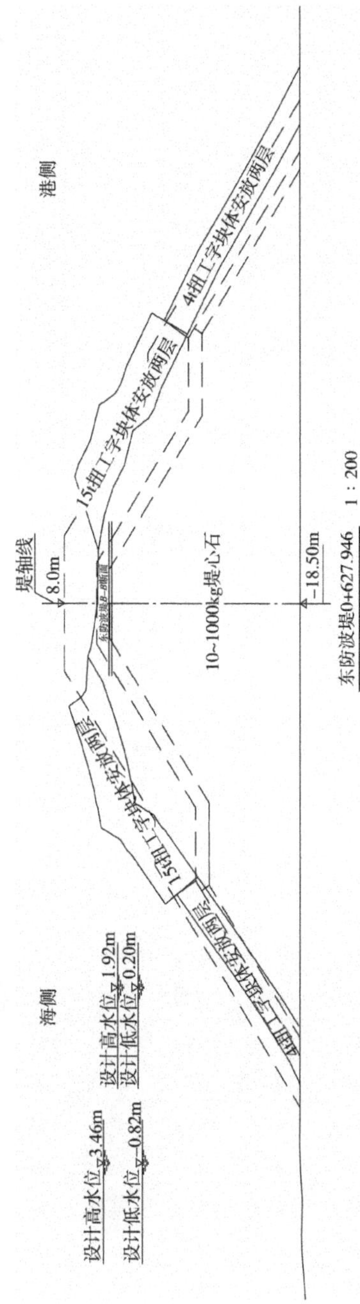

图 4-38　新调整断面一（虚线为原设计断面，实线为现状断面）

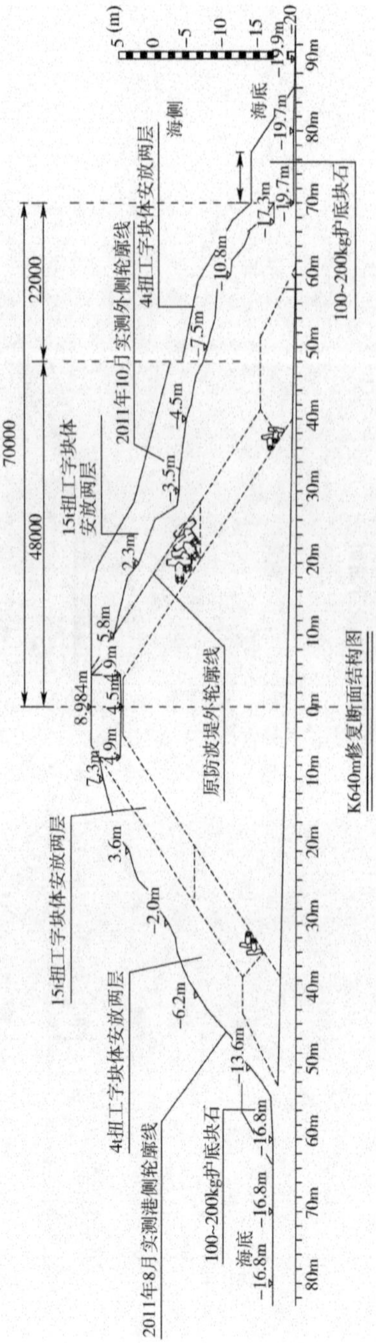

图 4-39　新调整断面二（尺寸单位：mm）

模型各物理量比尺 表4-14

物理量名称	物理量符号	比 尺
长度	L	λ
高度	h	λ
波高	H	λ
波周期	T	$\lambda^{1/2}$
流量	Q	λ^3
质量	m	λ^3
频率	f	$\lambda^{-1/2}$
力	F	λ^3
单宽流量	q	$\lambda^{3/2}$
表中：$\lambda=\frac{l_p}{l_m}$，l_p 为原型长度；l_m 为模型长度		

根据《波浪模型试验规程》(JTJ/T 234—2001)的要求，断面模型中的15t、4t扭工字块采用原子灰加铁粉配制，质量偏差与几何尺寸误差均满足试验规程的要求，模型制作成品如图4-40所示。断面模型中各种块石按重力比尺挑选，质量偏差控制在±5%以内。由于模型试验采用的是淡水，而实际工程中为海水，受淡水与海水的密度差影响，试验中考虑 $\rho_{海水}=1.025\rho_{淡水}$，在计算模型质量时考虑了这种影响。

图4-40 断面模型试验中使用的扭工字块体

(2)波浪模拟

根据试验技术要求，波谱选择JONSWAP谱，其解析式同第4.1节式(4-7)。

4)试验结果与分析

(1)原设计断面试验

根据防波堤修复方案,按照试验比尺,进行模型制作。结构断面在水槽内的模型布置如图4-41所示。

图4-41　原设计断面模型布置

在设计低水位+0.20m,重现期50年,T_s=13.8s、T_s=18.0s波浪作用下,波谷作用时,海侧12.0t扭工字块与3.0t扭工字块连接位置块体有晃动,波浪连续作用2h后,晃动基本消失,观测未发现有位移和跳出,因此认为稳定。由于堤前水深较深,波浪作用下,100~300kg抛石棱体和100~150kg护底块石个别滚动,未发现有变形,不丧失其功能,因此认为稳定,断面其他各部分均保持稳定。波浪爬高至堤顶,没有水体越堤,如图4-42所示。试验结果见表4-15。

图4-42　波浪爬高至坡顶,未形成水体越堤

在设计高水位+1.92m,重现期50年,T_s=13.8s、T_s=18.0s波浪作用下,海侧12.0t扭工字块与3.0t扭工字块连接位置,12.0t扭工字块体有晃动,波浪作用3h后,观测未发现扭工字块体有位移和跳出,因此认为稳定。而3.0t扭工字块有1块滚落至海侧,计算失稳率为0.26%,小于允许失稳率,因此认为临界稳定。与设计

低水位相同,100～300kg 抛石棱体和 100～150kg 护底块石少量存在滚动,未发现有变形,不丧失其功能,因此认为稳定,断面其他各部分均保持稳定。堤顶存在大量水体越堤,形成最大水舌厚度分别为 0.89m 和 1.42m,堤顶越浪量分别为 $0.0161m^3/(m \cdot s)$和$0.0245m^3/(m \cdot s)$(越浪在堤顶块体上测量,因有水体从块体间透过,此处只是顶部部分水体结果,下同),产生堤后次生波(传感器位于该断面港侧护底块石坡脚位置,下同)分别为 $H_{13\%}=0.36m$ 和 $H_{13\%}=0.45m$。试验结果见表4-15。

原设计断面试验结果　　表4-15

<table>
<tr><th rowspan="3">水　位</th><th colspan="7">断面各单元稳定情况</th></tr>
<tr><th colspan="3">海测</th><th>堤顶</th><th colspan="3">港侧</th></tr>
<tr><th>100～150kg 护底块石</th><th>100～300kg 抛石棱体</th><th>3.0t 扭工字块护面</th><th>12.0t 扭工字块护面</th><th>2.0t 扭工字块护面</th><th>100～300kg 抛石棱体</th><th>100～150kg 护底块石</th></tr>
<tr><td>设计低水位 ($T_s=13.8s$)</td><td colspan="2" rowspan="3">少量块石滚落,但不丧失其功能,稳定</td><td>个别晃动,未发现位移,稳定</td><td>稳定</td><td>稳定</td><td>稳定</td><td>稳定</td></tr>
<tr><td>设计高水位 ($T_s=13.8s$)</td><td>1 块滚落,失稳率小于允许值,认为临界稳定</td><td>少量晃动,未发现位移,稳定</td><td>稳定</td><td>稳定</td><td>稳定</td></tr>
<tr><td>极端高水位 ($T_s=13.8s$)</td><td>2 块滚落,失稳率小于允许值,认为临界稳定</td><td>港侧有2块滚落,计算失稳率小于允许值,认为临界稳定</td><td>稳定</td><td>稳定</td><td>稳定</td></tr>
</table>

在极端高水位,重现期 50 年,$T_s=13.8s$、$T_s=18.0s$ 波浪作用下,堤顶有大量水体越堤,形成最大水舌厚度分别为 2.13m 和 2.84m,如图 4-43 所示,堤顶越浪量分别为 $0.0796m^3/(m \cdot s)$ 和 $0.1788m^3/(m \cdot s)$,产生堤后次生波分别为 $H_{13\%}=0.74m$ 和 $H_{13\%}=0.86m$。大量水体越堤连续冲击后,观测发现港侧坡肩 12.0t 扭工字块体分别有 2 块和 3 块滚落至平台上,计算其失稳率分别为 0.48% 和 0.72%,

小于允许失稳率，因此认为12.0t扭工字块体临界稳定。由于堤前水深较深，100～300kg抛石棱体和100～150kg护底块石仅少量存在滚动，未发现有变形，不丧失其功能，因此认为稳定，断面其他各部分均保持稳定。试验结果见表4-15。

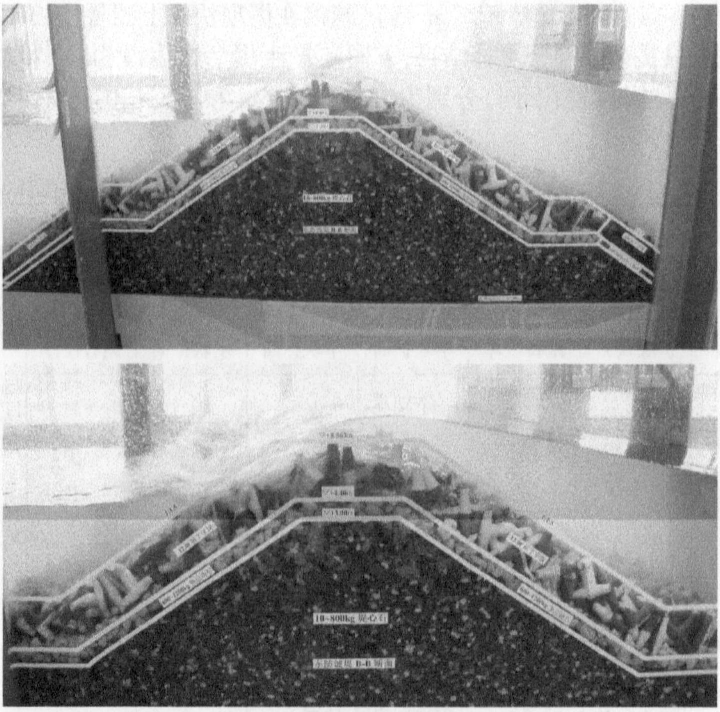

图4-43 大量水体越堤

由于3.0t扭工字块、12.0t扭工字块存在滚落，因此试验中将断面重新摆放，进行重复性试验，在设计低水位、设计高水位、极端高水位波浪作用下，扭工字块滚落块数及位置与原试验结果基本一致。

通过上述试验可知：在重现期50年，$T_s=13.8s$、$T_s=18.0s$，设计低水位、设计高水位波浪作用下，断面各部分均能保持稳定。在极端高水位波浪作用下，海侧12.0t扭工字块、3.0t扭工字块分别滚落2块和3块，计算其失稳率均小于允许值，因此认为临界稳定，断面其他各部分均能保持稳定。堤顶形成最大水舌厚度为2.84m。在堤后产生最大次生波为$H_{13\%}=0.86m$。

(2)新调整方案一试验

①现状破坏断面。

现状断面顶堤高程为+5.7m，堤顶未铺设15t扭工字块，断面模型布置如图4-44所示。

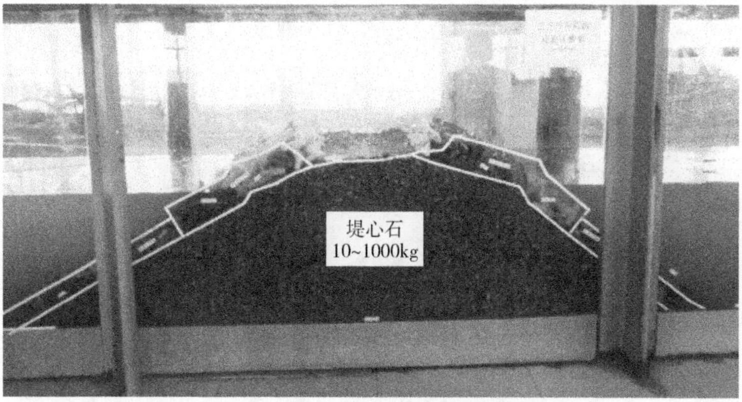

图4-44　现状断面模型布置

在设计低水位、$H_{13\%}=3.92\text{m}$（$H_{1\%}=5.61\text{m}$）、两种周期波浪分别作用下，随着入射波高的增大，堤顶越浪也逐渐增加，如图4-45所示，从而导致堤顶堤心石大量被冲至港侧，堤顶形成的最深坑为1.08m，堤顶附近护面的15t扭工字块大量散落在堤顶，由原来的双层摆放基本上变成单层散落；由于15t扭工字块散落，堤心石完全暴露，波谷作用时，15t扭工字块被吸出后滚向海侧，如图4-46所示。在波浪连续作用下，4t扭工字块、15t扭工字块继续向海侧滑移，如图4-47所示，测量此时滑移最大位移为1.80m。试验结果见表4-16。

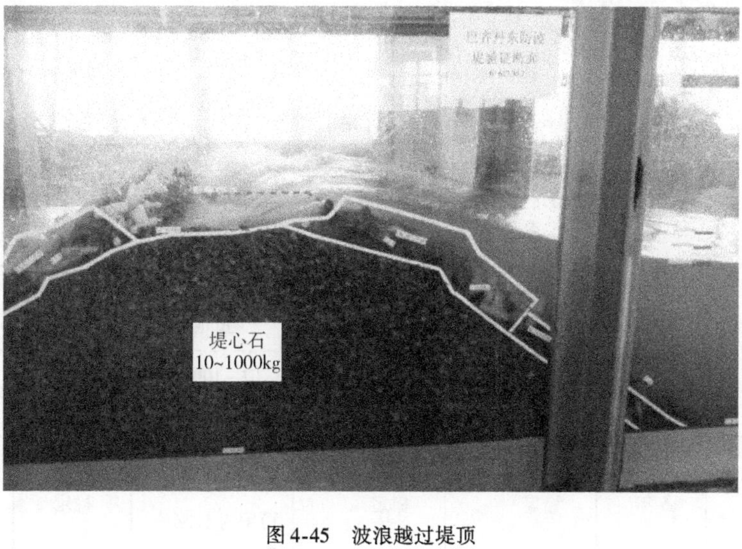

图4-45　波浪越过堤顶

图4-46 堤心石冲至港侧,15t扭工字块体散落在堤顶

图4-47 4t扭工字块、15t扭工字块向海侧滑移

现状断面试验结果 表4-16

水位	重现期	断面各单元稳定情况				
		海侧		堤顶	港侧	
		4t扭工字块	15t扭工字块	10~1000kg堤心石	15t扭工字块	4t扭工字块
设计低水位+0.20m	5年	稳定	稳定	被冲刷,最深为0.36m,失稳率为1.36%,稳定	稳定	稳定

续上表

<table>
<tr><th rowspan="3">水　　位</th><th rowspan="3">重现期</th><th colspan="5">断面各单元稳定情况</th></tr>
<tr><th colspan="2">海侧</th><th>堤顶</th><th colspan="2">港侧</th></tr>
<tr><th>4t 扭工字块</th><th>15t 扭工字块</th><th>10～1000kg 堤心石</th><th>15t 扭工字块</th><th>4t 扭工字块</th></tr>
<tr><td rowspan="3">设计低水位 +0.20m</td><td>10 年</td><td>向海侧滑移，最大位移为 0.72m，失稳</td><td>堤顶附近最上两排滚至港侧，且向海侧滑移，失稳</td><td>被冲刷，最深为 0.72m，失稳</td><td>稳定</td><td>稳定</td></tr>
<tr><td>25 年</td><td>向海侧滑移，最大位移为 1.80m，失稳</td><td>堤顶附近散落，形成单层，且向海侧滑移，失稳</td><td>被冲刷，最深为 1.08m，失稳</td><td>稳定</td><td>稳定</td></tr>
<tr><td>50 年</td><td>向海侧滑移，最大位移为 3.4m，失稳</td><td>完全丧失护面功能，失稳</td><td>被冲刷，最深为 4.0m，失稳</td><td>稳定</td><td>稳定</td></tr>
<tr><td rowspan="4">设计高水位 +1.92m</td><td>5 年</td><td>向海侧滑移，失稳</td><td>堤顶附近最上两排滚至港侧，且向海侧滑移，失稳</td><td>被冲刷，失稳</td><td>稳定</td><td>稳定</td></tr>
<tr><td>10 年</td><td>向海侧滑移，最大位移为 1.02m，失稳</td><td>堤顶附近散落，且向海侧滑移，失稳</td><td>被冲刷，失稳</td><td>稳定</td><td>稳定</td></tr>
<tr><td>25 年</td><td>向海侧滑移，最大位移为 3.2m，失稳</td><td>由原双层摆放损坏为单层，滚落至海侧，失稳率为 1.27%，失稳</td><td>被冲刷，失稳</td><td>稳定</td><td>稳定</td></tr>
<tr><td>50 年</td><td>向海侧滑移，最大位移为 4.5m，失稳</td><td>滚落至海侧，失稳率为 13.92%，完全丧失护面功能，失稳</td><td>被冲刷，失稳</td><td>稳定</td><td>稳定</td></tr>
<tr><td>极端高水位 +3.46m</td><td colspan="6">在设计高水位时，由于 15t 扭工字块护面整个被冲毁，完全丧失其功能，失稳率达 13.92%，且 4t 扭工字块、15t 扭工字块存在向海侧滑移，断面需要完善，故未进行试验</td></tr>
</table>

在设计高水位、$H_{13\%}$ =5.45m($H_{1\%}$ =7.69m)、两种周期波浪分别作用下,波浪直接冲击堤顶15t扭工字块,大量堤心石和未受支撑的15t扭工字块被冲毁,且堆积至港侧护面块体表面,如图4-48所示,在波浪连续作用3h后,海测15t扭工字块护面整体被破坏,且有22块滚向海侧,计算其失稳率为13.92%,完全失去护面功能;4t扭工字块、15t扭工字块整体向海侧滑移,测量此时最大位移为4.5m,如图4-49所示。试验结果见表4-16。

图4-48　波浪冲击15t扭工字块表面

图4-49　15t扭工字块破坏情况

②新调整方案一断面。

在断面堤顶全部安放15t扭工字块护面,高程至原设计防波堤的+8.0m,断面模型布置如图4-50所示。

在设计低水位、重现期为50年波浪作用下，波浪爬高至堤顶，仅少量水花越堤，如图4-51所示；由于扭工字块的护面作用，波谷作用时，未发现有堤心石被吸出。波浪连续作用在15t扭工字块上，有1块滚向海侧，计算其失稳率为0.53%，小于规定的失稳为1%的要求，因此判定为稳定。断面其他各部分均稳定。由于坡脚增加了200～400kg抛石棱体，在波浪连续作用3h后，未发现4t扭工字块、15t扭工字块有向海侧滑移。试验结果见表4-17。

图4-50 完善断面模型布置

图4-51 波浪爬高至堤顶

在设计高水位、重现期为50年波浪作用下，随着堤前水深增加，堤顶存在越浪现象，如图4-52所示，测量此时越浪量为0.0205m^3/(m·s)，最大水舌厚度为1.08m，平均为0.65m。由于堤顶护面块体的安放，在波浪连续作用3h后，断面各部分均稳定。试验结果见表4-17。

图 4-52　波浪越过堤顶

新调整方案一断面试验结果　　表 4-17

水位	断面各单元稳定情况						越浪情况
	海侧			堤顶	港侧		
	200~400kg 抛石棱体	4t 扭工字块	15t 扭工字块	15t 扭工字块	15t 扭工字块	4t 扭工字块	
设计低水位 +0.20m	少量滚落，未丧失棱体功能，稳定	稳定	有 1 块滚落，失稳率为 0.53%，稳定	稳定	稳定	稳定	溅浪
设计高水位 +1.92m	稳定	稳定	稳定	稳定	稳定	稳定	越浪量为 0.0205m^3/(m·s)
极端高水位 +3.46m	稳定	稳定	稳定	稳定	稳定	稳定	越浪量为 0.183m^3/(m·s)

在极端高水位、重现期为 50 年波浪作用下，试验现象与设计高水位时基本相同，测量此时越浪量为 0.183m^3/(m·s)，最大水舌厚度为 2.52m，平均为 1.44m。在波浪连续作用 3h 后，断面各部分均稳定。试验结果见表 4-17。

试验结果表明,经历破坏后的断面,海侧需尽快加抛块石形成护底及抛石棱体,以对护面块体形成支撑。堤顶没有防护时,在大浪作用下,上部损坏严重,需根据工程进度加快对堤顶15t扭工字块的安放,防止波浪对堤顶堤心石冲刷,导致两侧15t扭工字块护面块体被冲毁。

(3)新调整方案二试验

根据上述断面试验结果可知,在海侧坡脚100~200kg护底块石上方坡脚位置分别采用4t扭工字块、15t扭工字块、20t扭工字块起支撑作用后,块体均整体向海侧滑移、失稳。因此,在模型上考虑从安放4t扭工字块位置起至海底泥面全部安放20t扭工字块,模型摆放如图4-53所示。

图4-53　护底全部采用20t扭工字块模型摆放情况

在设计低水位+0.20m、重现期为50年、不规则波($H_{13\%}=6.61\text{m}$,$H_{1\%}=9.31\text{m}$,$T_s=13.8\text{s}$)作用下,通过试验观测发现,波谷作用时,与100~200kg护底块石连接的位置,15t扭工字块仍被吸滚落至海侧,从而导致15t扭工字块护面整体向海侧滑移,断面失稳。

在各水位波浪作用下,现状断面试验结果见表4-18。试验场景如图4-54、图4-55所示。

新调整方案二,其海侧坡脚支撑得到很好的改善,未发现块体整体向海侧滑移。

根据上述不同方案失稳情况,最终提出优化方案,试验断面模型布置如图4-56所示。

在各水位设计波浪周期为13.8s对应波高连续作用3h后,断面试验结果见表4-19,试验场景如图4-57所示。

现状断面试验结果　　表4-18

<table>
<tr><th rowspan="3">水　位</th><th rowspan="3">波 类 型</th><th colspan="3">断面各单元稳定情况</th></tr>
<tr><th colspan="2">海侧</th><th>港侧</th></tr>
<tr><th>20t 扭工字块</th><th>15t 扭工字块</th><th>15t 扭工字块</th></tr>
<tr><td>设计低水位 +0.20m</td><td>不规则波，
$H_{1\%}=9.31\text{m}$，
$H_{13\%}=6.61\text{m}$，
$T_s=13.8\text{s}$</td><td>表面块体滚落，失稳率为 1.83%</td><td>失稳率为 0.90%</td><td>稳定</td></tr>
<tr><td>设计高水位 +1.92m</td><td>不规则波，
$H_{1\%}=10.0\text{m}$，
$H_{13\%}=7.09\text{m}$，
$T_s=13.8\text{s}$</td><td rowspan="2">块体继续滚落，累积失稳率为 2.62%</td><td rowspan="2">块体继续滚落，累积失稳率为 2.15%</td><td>稳定</td></tr>
<tr><td>极端高水位 +3.46m</td><td>不规则波，
$H_{1\%}=10.76\text{m}$，
$H_{13\%}=7.63\text{m}$，
$T_s=13.8\text{s}$</td><td>稳定</td></tr>
<tr><td>极端高水位 +3.46m</td><td>加大周期、波高，
不规则波，
$H_{1\%}=12.92\text{m}$，
$H_{13\%}=8.64\text{m}$，
$T_s=21\text{s}$</td><td>大量块体晃动，累积失稳率未增加</td><td>堤顶 15t 扭工字块被冲至港侧，堤心石暴露，断面失稳</td><td>稳定</td></tr>
</table>

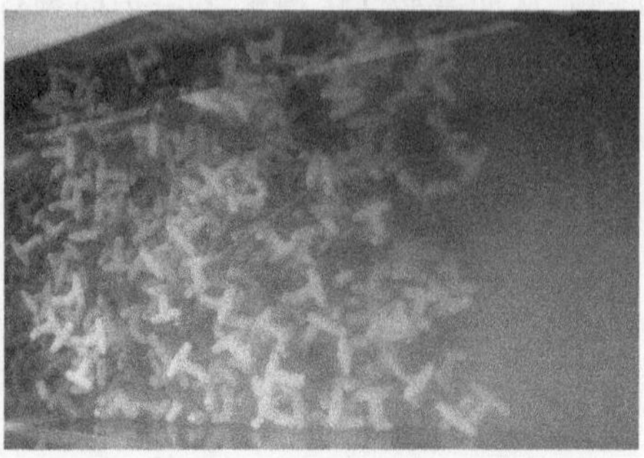

图 4-54　20t 扭工字块变形情况

图 4-55　在极端高水位作用下加大波高、周期，堤顶 15t 扭工字失稳，堤心石暴露

图4-56 最终优化方案模型摆放情况

新调整方案二优化断面试验结果 表4-19

水位	波类型	断面各单元稳定情况			
		海侧			港侧
		100~200kg护底块石	200~600kg块石与4t扭工字块混合棱体	15t扭工字块	15t扭工字块
设计低水位 +0.20m	不规则波，$H_{1\%}=7.16$m，$H_{13\%}=5.08$m，$T_s=13.8$s	块石有被冲至4t块体表面	块石随波浪来回滚落，失稳率为0.77%，统计晃动率为0.23%	失稳率为0.23%，统计晃动率为1.30%	稳定
设计高水位 +1.92m	不规则波，$H_{1\%}=7.69$m，$H_{13\%}=5.45$m，$T_s=13.8$s	块石被冲至4t块体表面	块石随波浪来回滚落，失稳率为0.91%，统计晃动率为0.32%	失稳率为0.46%，统计晃动率为1.39%	稳定
极端高水位 +3.46m	不规则波，$H_{1\%}=8.28$m，$H_{13\%}=5.87$m，$T_s=13.8$s		块石随波浪来回滚落，失稳率为0.91%，统计晃动率为0.32%	失稳率为0.46%，统计晃动率为1.90%	稳定

试验结果表明：采用块石与工字块混合棱体，在各水位设计波浪周期为13.8s对应波高作用下，4t扭工字块、15t扭工字块失稳率分别为0.91%、0.46%，按原规定，失稳率均小于1%，因此断面护面块体稳定。另发现采用块石与工字块混合棱体时，4t扭工字块晃动率也相应减小。

图4-57　在波浪连续作用下4t扭工字块、15t扭工字块滚落情况

为了解设计低水位波浪作用下，块石与工字块混合棱体在加大周期至18s对应波高作用下的稳定情况，在周期为13.8s对应波高的基础上进行周期为18s的试验。

在设计低水位+0.20m波浪($H_{1\%}=7.37$m，$H_{13\%}=5.24$m，$T_s=18$s)作用下，统计4t扭工字块累积失稳率为1.97%，比仅用4t扭工字块为棱体时的失稳率(失稳率为2.86%)减小了约30%，且块体的晃动也大大改善。

上述试验结果表明：采用块石与工字块混合棱体断面，对断面失稳率有较好的改善，但在试验过程中发现，200~600kg块石在大浪作用下有随波浪在护面块体表面上下滚动的情况，因此施工中需严格控制规格，以防因块石偏重而对凸起块体杆件形成破坏，以及块石不能很好地落入块体间缝隙中，从而减弱块石与工字块混合棱体功能。

5)小结

(1)在各水位波浪作用下护面块体均晃动，由于块体的晃动对于强度控制的扭工字块稳定性不利，易发生折断破坏，因此建议对护面块体的状态进行定期检测维护或加大块体质量。

(2)分析修补方案失稳的主要原因，通过试验观察主要有3条：第一，由于断面上护面采用了多种扭工字块(4t、15t、20t)，不同扭工字间的连接位置抗波浪较弱，易脱离形成单体，从而被波浪冲击失稳。第二，其他位置的块体失稳，表明在该波浪条件下，护面块体质量总体显得偏轻。第三，试验过程中发现堤顶10~1000kg堤心石被淘刷后冲至港侧。因此，建议：①护面块体规格尽量采用一种，从而使整个护面成为一个整体，有利于块体稳定；②尽量加大块体质量进行掩护，尤其在堤顶和坡脚支撑的位置；③在护面块体的垫层位置适当增加块石质量，以防被波浪淘刷，而使堤顶高程降低。但结构断面修改需综合考虑其他多方面因素。

(3)采用块石与工字块混合棱体断面，对断面失稳、块体晃动有较好的改善，但试验过程中发现，块石在大浪作用下有随波浪在护面块体表面上下滚动的现象，因此施工中需严格控制规格，以防因块石偏重而对凸起块体杆件形成破坏，以及块石不能很好地落入块体间缝隙中，从而减弱混合棱体功能。

4.2.3　典型工程之三：Adipala 电厂一期防波堤工程稳定性试验

1）概述

拟建的 Adipala 电厂工程位于印度尼西亚爪哇岛 Cilacap 市东侧，距离市区约 16km，地理位置约为 7°41′23.15″S，109°8′23.23″E。该电厂为新建项目，机组容量为 1×660MW。工程建筑物包括码头泊位、防波堤、进出水等建筑物。

为保证稳定性，对印度尼西亚 Adipala 电厂最终防波堤方案（东防波堤长 1507m，西防波堤长 575m）进行波浪断面物理模型试验研究。试验断面主要包括东防波堤断面 3-3、断面 18-18、断面 18-18 位置的施工期断面、断面 24-24、断面 27-27 和西防波堤断面 36-36，共计 6 个试验断面。工程平面布置及断面位置如图 4-58 所示。

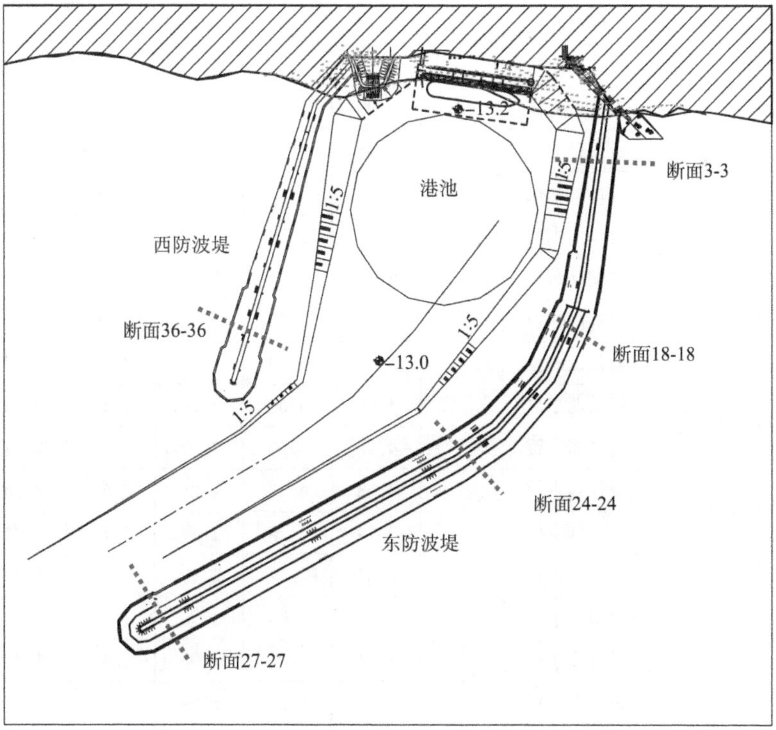

图 4-58　工程平面布置及断面位置示意图

2)试验依据条件

(1)试验水位(当地理论基础潮面起算)

极端高水位:+1.75m;

设计高水位:+1.18m;

设计低水位:-0.83m;

极端低水位:-1.31m。

(2)波浪要素

试验波浪要素采用第3.3.2节数值模拟推算结果,具体见表4-20。

各断面试验波浪要素 表4-20

断面位置	重现期	水位	波向	$H_{1\%}$(m)	$H_{4\%}$(m)	$H_{5\%}$(m)	$H_{13\%}$(m)	H(m)	T_m(s)
断面3-3	50年	极端高水位	SSE	8.09	7.10	6.94	6.05	4.13	15.91
		设计高水位		7.96	6.99	6.83	5.96	4.09	15.91
		设计低水位		7.50	6.64	6.50	5.72	3.99	15.91
		极端低水位		7.37	6.54	6.40	5.65	3.96	15.91
断面18-18	50年	极端高水位		7.75	6.83	6.67	5.84	4.03	15.91
		设计高水位		7.61	6.72	6.57	5.76	3.99	15.91
		设计低水位		6.98	6.24	6.11	5.43	3.86	15.91
		极端低水位		6.85	6.13	6.02	5.36	3.83	15.91
	2年	设计高水位		4.78	4.13	4.01	3.44	2.26	13.21
		设计低水位		4.48	3.89	3.79	3.26	2.17	13.21
断面24-24	50年	极端高水位		6.28	5.56	5.43	4.77	3.32	15.91
		设计高水位		6.15	5.45	5.33	4.70	3.29	15.91
		设计低水位		5.53	5.00	4.91	4.43	3.27	15.91
		极端低水位		5.08	4.86	4.78	4.33	3.23	15.91
断面27-27		极端高水位		4.95	4.26	4.17	3.68	2.57	15.91
		设计高水位		4.68	4.17	4.08	3.62	2.56	15.91
		设计低水位		2.74	2.74	2.74	2.74	2.74	15.91
		极端低水位		2.37	2.37	2.37	2.37	2.37	15.91
断面36-36		极端高水位	SSW	2.39	2.05	1.99	1.69	1.10	15.91
		设计高水位		2.34	2.01	1.96	1.67	1.09	15.91
		设计低水位		1.82	1.64	1.64	1.55	1.07	15.91
		极端低水位		1.72	1.51	1.53	1.43	1.09	15.91

(3)试验方案

断面3-3:堤顶高程+8.087m,天然泥面高程为-13.17m。护面块体采用22t扭王字块,坡脚棱体采用400~500kg块石,港侧与海侧护底块石均为150~250kg块石,堤心为10~500kg块石。断面结构如图4-59所示。

断面18-18:堤顶高程为+7.596m,泥面高程为-11.211m。护面块体采用16t扭王字块,坡脚棱体采用400~500kg块石,护底块石为150~250kg块石,堤心为10~500kg块石。断面结构如图4-60所示。

施工期断面18-18:①10~500kg堤心石形成的断面;②在10~500kg堤心石外侧铺设800~1600kg垫层块石形成的断面。

断面24-24:堤顶高程为+6.52m,泥面高程为-7.85m。护面块体采用10t扭王字块,海侧扭王字块坡脚棱体采用400~500kg块石,护底块石为150~250kg块石,堤心石为10~500kg块石。断面结构如图4-61所示。

断面27-27:堤顶高程为+5.862m,泥面高程为-4.30m。护面块体采用5t扭王字块,护底块石为150~250kg块石,堤心石为10~500kg块石。断面结构如图4-62所示。

断面36-36:断面堤顶高程为+4.10m,泥面高程为-6.572m。护面块体采用2t扭王字块,护底块石为150~250kg块石,堤心石为10~500kg块石。断面结构如图4-63所示。

3)试验方法

模型按重力相似准则设计,结构断面尺寸满足几何相似,各比尺关系见表4-21。

模型各物理量比尺 表4-21

物理量名称	物理量符号	比尺
长度	L	λ
高度	h	λ
波高	H	λ
波周期	T	$\lambda^{1/2}$
流量	Q	λ^3
质量	m	λ^3
频率	f	$\lambda^{-1/2}$
力	F	λ^3
单宽流量	q	$\lambda^{3/2}$
表中:$\lambda=\frac{l_p}{l_m}$,l_p为原型长度;l_m为模型长度		

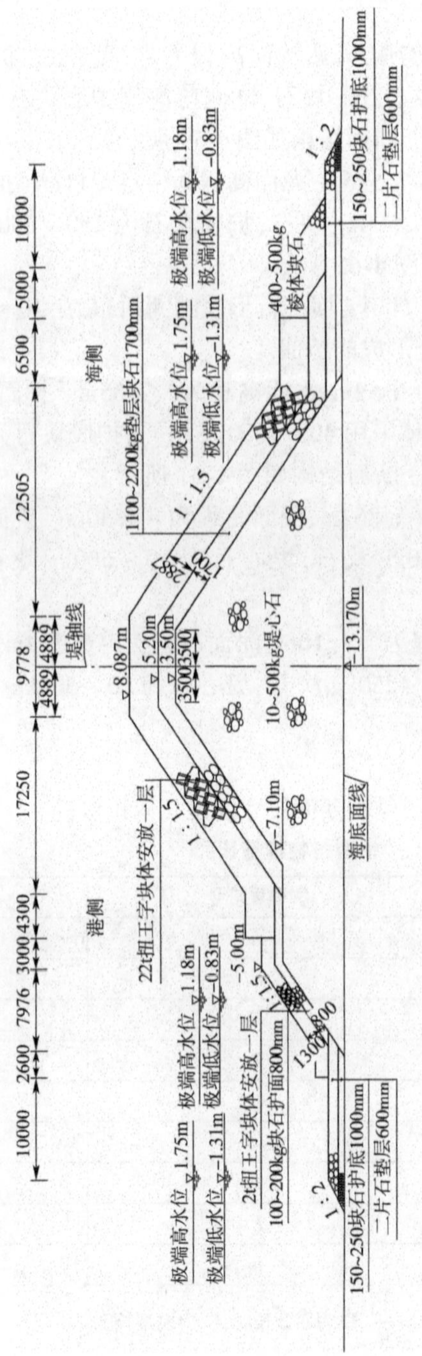

图4-59 断面3-3结构图(尺寸单位:mm)

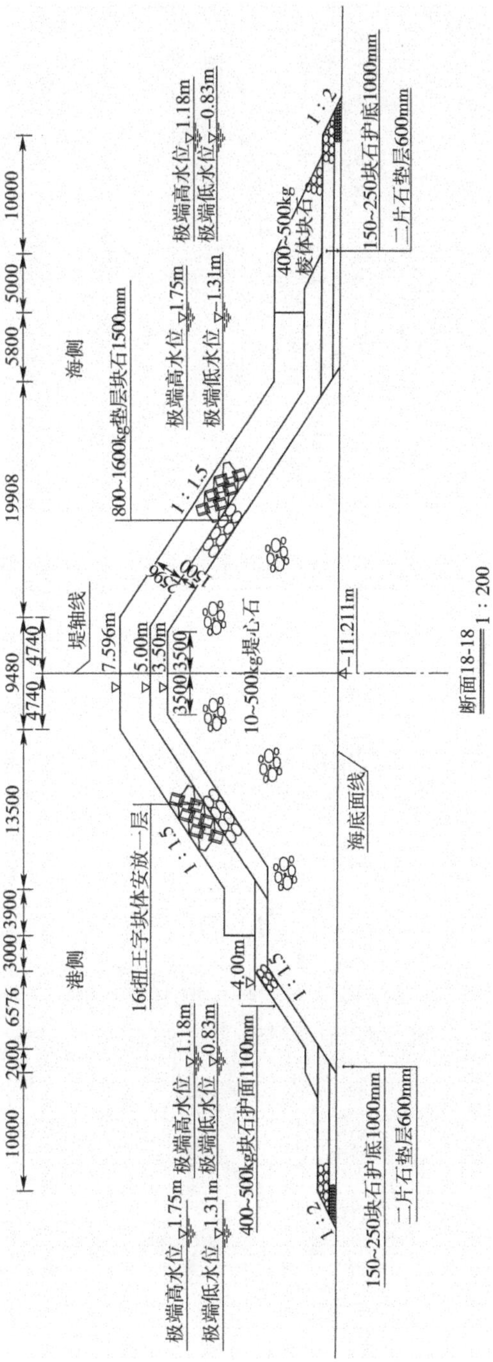

图4-60 断面18-18结构图(尺寸单位:mm)

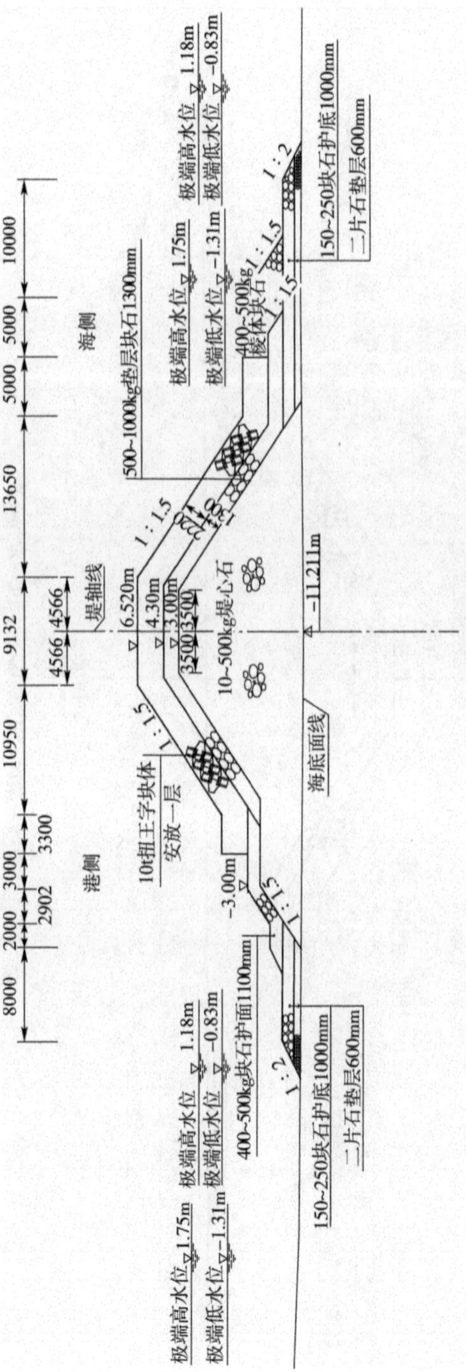

图 4-61 断面 24-24 结构图(尺寸单位:mm)

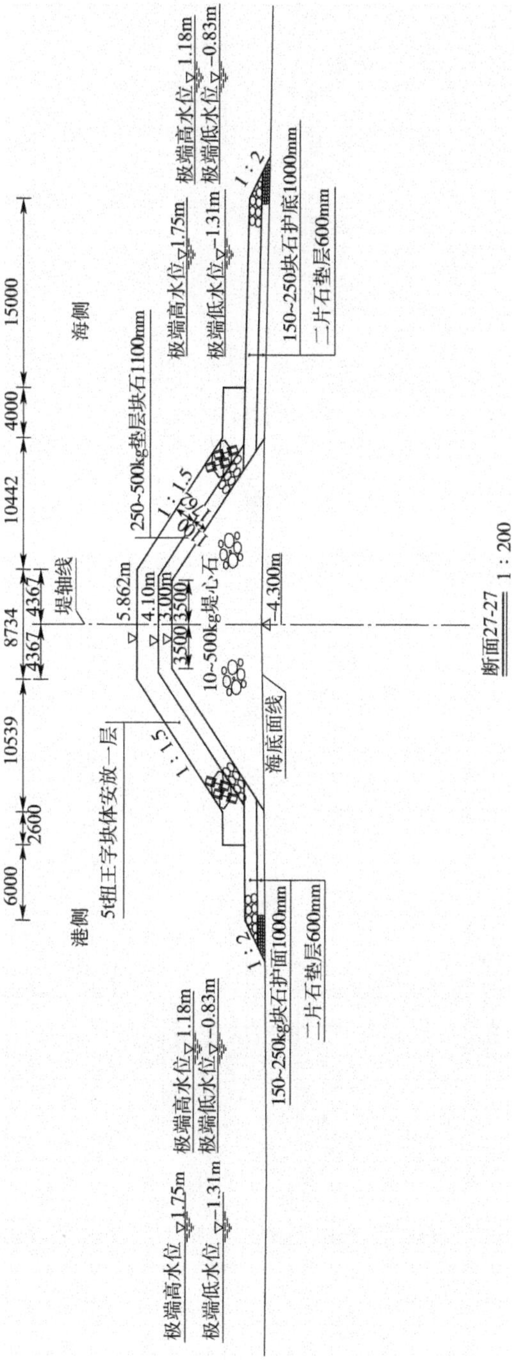

图 4-62　断面 27-27 结构图(尺寸单位:mm)

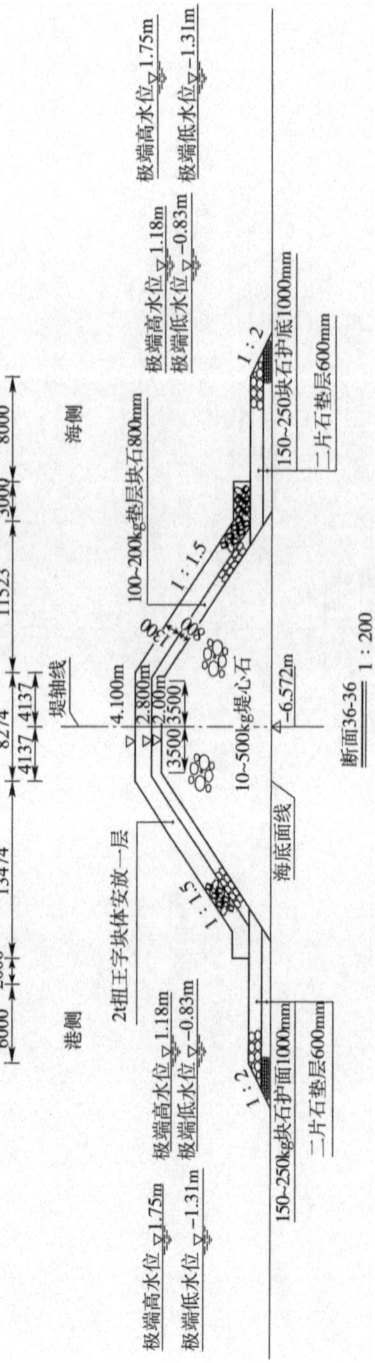

图 4-63 断面 36-36 结构图(尺寸单位:mm)

根据试验场地、现有块体质量及试验要求，各断面模型试验选用的比尺见表4-22。

各断面比尺选择 表4-22

断面	断面3-3	断面18-18	断面24-24	断面27-27	断面36-36
几何比尺 λ	34.8	37.6	33.8	25.6	25
周期比尺 λ_T	5.9	6.1	5.8	5.1	5.0
力比尺 λ_F	42144.2	53157.4	38614.5	16777.2	15625.0
单宽流量比尺 λ_q	205.3	230.6	196.5	129.5	125.0
压强比尺 λ_P	34.8	37.6	33.8	25.6	25

其余试验方法同第4.2.2节。

4）试验结果与分析

（1）断面3-3试验

①设计断面试验。

根据设计断面图纸，按照模型试验比尺，水槽内防波堤断面模型摆放情况如图4-64所示。

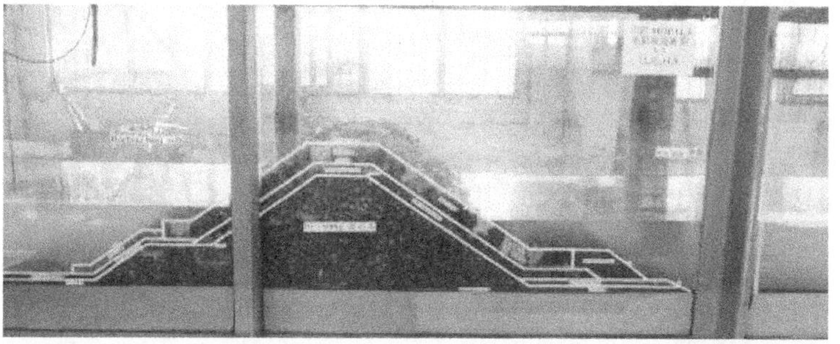

图4-64 断面3-3模型摆放情况

在极端低水位、重现期为50年、$H_{13\%}=5.65\text{m}$、$T_s=18.3\text{s}$不规则波作用下，大波在堤顶拐角位置破碎后形成溅水越浪，如图4-65所示。少量150~250kg护底块石滚落至海侧，波浪连续作用3h后，端部坡度变缓，因此认为失稳。400~500kg棱体块石大量被冲至22t扭王字块护面斜坡上，少量滚落至海侧护底块石表面，如图4-66所示，认为失稳，经重复试验，仍然失稳，最后判定为失稳。断面其他部分稳定。试验结果见表4-23。

在设计低水位、重现期为50年、$H_{13\%}=5.72\text{m}$、$T_s=18.3\text{s}$不规则波作用下，堤顶越浪，最大水舌厚度为0.32m，堤后次生波$H_{13\%}=0.26\text{m}$，越浪如图4-67所示。

150~250kg 护底块石与 400~500kg 棱体块石一起被冲至扭王字块表面，如图 4-68 所示，认为失稳，经重复试验，仍然失稳，最后判定为失稳。堤顶拐角位置 1 块 22t 扭王字块晃动，没有位移。试验结果见表 4-23。

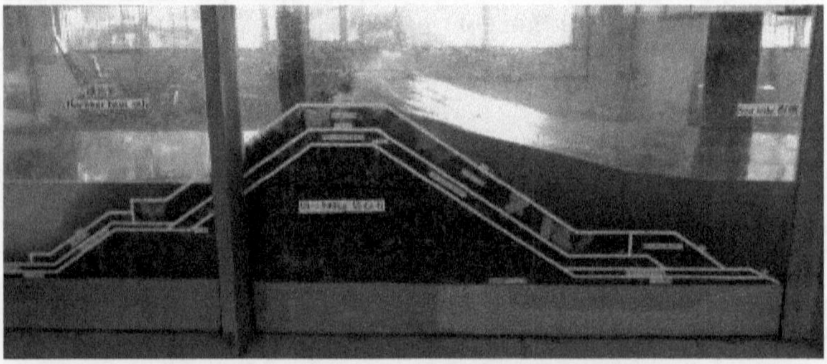

图 4-65　在极端低水位，波浪在堤顶有少量溅浪

图 4-66　400~500kg 棱体块石移动情况

图 4-67　在设计低水位，堤顶越浪

表 4-23

3-3 设计断面试验结果

水位	断面各单元稳定情况							越浪情况	堤后次生波 $H_{13\%}$(m)
	海侧			堤顶	港侧				
	150~250kg 护底块石	400~2500kg 棱体块石	22t 扭王字块护面	22t 扭王字块护面	22t 扭王字块护面	2t 扭王字块	150~250kg 护底块石		
极端低水位 -1.31m	大量滚至海侧，端部坡度变缓，失稳	大量滚至扭王字块表面，失稳	稳定	稳定	稳定	稳定	稳定	少量溅水	未形成堤后次生波
设计低水位 -0.83m			稳定	稳定	稳定	稳定	稳定	越浪，最大水舌厚度为0.32m	0.26
设计高水位 +1.18m			稳定	堤顶拐角位置有1块晃动，没有位移，稳定	稳定	稳定	稳定	越浪，最大水舌厚度为1.48m	0.84
极端高水位 +1.75m			稳定	稳定	稳定	稳定	稳定	越浪，最大水舌厚度为1.56m	1.22

图 4-68　150 ~ 250kg 护底块石变形情况

在设计高水位、重现期为 50 年、$H_{13\%}$ = 5.96m、T_s = 18.3s 以及极端高水位、重现期为 50 年、$H_{13\%}$ = 6.05m、T_s = 18.3s 不规则波分别作用下，堤顶越浪，如图 4-69、图 4-70 所示。400 ~ 500kg 棱体块石大量冲至扭王字块表面，150 ~ 250kg 护底块石散落至海侧，变形情况如图 4-71 所示，认为失稳，经重复试验，仍然失稳，最后判定失稳。试验结果见表 4-23。

图 4-69　在设计高水位，堤顶越浪

②修改断面试验。

根据设计断面试验结果，将护底块石加大至 500 ~ 1000kg、加长至 30m，同时去掉 400 ~ 500kg 棱体块石，将 1100 ~ 2200kg 垫层块石延伸，并在其上方安放 2t 扭王字块（即 22t 扭王字块前）。

图4-70 在极端高水位,堤顶越浪

图4-71 棱体块石和护底块石变形情况(俯视)

在各水位波浪作用下,护底海侧有少量块石滚落,棱体表面有块石滚动,整体保持稳定。2t扭王字块作棱体,失稳,经与设计单位沟通后,该位置2t扭王字块失稳可以接受,本修改断面成立。

(2)断面18-18试验

①设计断面试验。

根据设计断面图纸,按照模型试验比尺,水槽内防波堤断面模型摆放情况如图4-72所示。

图4-72 断面18-18模型摆放情况

在极端低水位、重现期为50年、$H_{13\%}=5.36\text{m}$、$T_s=18.3\text{s}$不规则波作用下,有少量溅浪,如图4-73所示。波浪将大量400~500kg棱体块石卷上扭王字块表面,少量散落至海侧,如图4-74所示。150~250kg护底块石被冲至400~500kg棱体块石表面,部分散落至海侧,认为失稳,经重复试验,仍然失稳,最后判定为失稳。断面其他部分稳定。试验结果见表4-24。

图 4-73　在极端低水位，堤顶溅浪

图 4-74　在极端低水位，400 ~ 500 棱体块石试验情况（侧面）

18-18 设计断面试验结果　　表 4-24

水位	断面各单元稳定情况						越浪情况	堤后次生波 $H_{13\%}$ (m)
	海侧			堤顶	港侧			
	150 ~ 250kg 护底块石	400 ~ 500kg 棱体块石	16t 扭王字块护面	16t 扭王字块护面	16t 扭王字块护面	150 ~ 250kg 护底块石		
极端低水位 -1.31m	被卷上扭王字块表面，散落海侧，失稳		稳定	稳定	稳定	稳定	溅浪，未形成堤后次生波	
设计低水位 -0.83m	被卷上扭王字块表面，散落海侧，失稳		稳定	稳定	稳定	稳定	最大水舌厚度为 0.4m	0.13

在设计低水位、重现期 50 年、$H_{13\%}$ = 5.43m、T_s = 18.3s 不规则波作用下，有越浪，最大水舌厚度为 0.40m，如图 4-75 所示。400 ~ 500kg 棱体块石和 150 ~ 250kg 护底块石被大量冲至扭王字块表面，如图 4-76 所示，认为失稳，经重复试验，仍然失稳，最后判定失稳。断面其他部分稳定。试验结果见表 4-24。

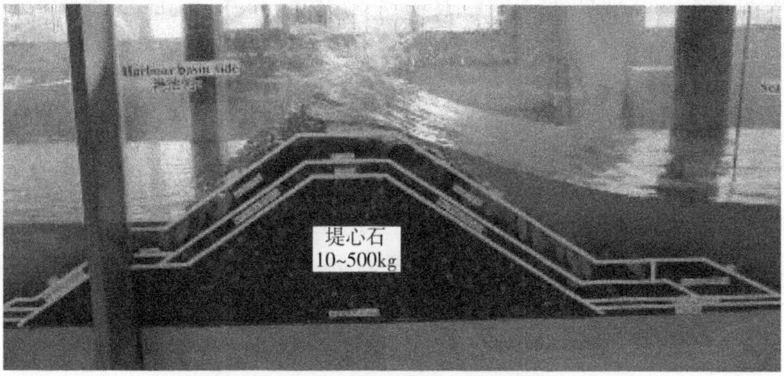

图4-75　在设计低水位，堤顶越浪

图4-76　400～500 棱体块石和150～250 护底块石变形情况（俯视）

②修改断面一试验。

针对设计断面400～500kg棱体块石、150～250kg护底块石失稳的试验结果，将400～500kg棱体块石增至1000～2000kg、150～250kg护底块石增至500～1000kg。修改断面模型摆放情况如图4-77所示。

图4-77　1000～2000kg块石和500～1000kg块石模型摆放情况

在极端低水位、重现期为 50 年、$H_{13\%}=5.36\mathrm{m}$、$T_s=18.3\mathrm{s}$ 不规则波作用下，有溅浪。少量 1000～2000kg 棱体块石被卷上扭王字块表面，个别 500～1000kg 护底块石被冲至 1000～2000kg 棱体块石表面，或滚落至海侧，两种块石的滚落情况如图 4-78 所示，表面未发生明显变形，认为稳定。试验结果见表 4-25。

在设计低水位、重现期为 50 年、$H_{13\%}=5.43\mathrm{m}$、$T_s=18.3\mathrm{s}$ 不规则波作用下，有越浪。部分 1000～2000kg 棱体块石被卷上扭王字块；500～1000kg 护底块石被冲至 1000～2000kg 棱体块石表面，或滚落至海侧，波浪连续作用 3h 后，块石滚落情况如图 4-79 所示，认为失稳，经重复试验，仍然失稳，最后判定为失稳。试验结果见表 4-25。

图 4-78 极端低水位时，1000～2000kg 块石和 500～1000kg 块石变形情况（俯视）

图 4-79 设计低水位时，1000～2000kg 块石和 500～1000kg 块石变形情况（俯视）

18-18 修改断面一试验结果 表 4-25

<table>
<tr><th rowspan="3">水位</th><th colspan="6">断面各单元稳定情况</th></tr>
<tr><th colspan="3">海侧</th><th>堤顶</th><th colspan="2">港侧</th></tr>
<tr><th>500～100kg 护底块石</th><th>1000～2000kg 棱体块石</th><th>16t 扭王字块护面</th><th>16t 扭王字块护面</th><th>16t 扭王字块护面</th><th>150～250kg 护底块石</th></tr>
<tr><td>极端低水位 -1.31m</td><td>个别滚至海侧，表面形状未发生明显变形，稳定</td><td>少量滚至海侧，表面形状未发生明显变形，稳定</td><td>稳定</td><td>稳定</td><td>稳定</td><td>稳定</td></tr>
<tr><td>设计低水位 -0.83m</td><td>大量滚至棱体块石表面，失稳</td><td>大量滚至扭王字块表面及海侧，失稳</td><td>稳定</td><td>稳定</td><td>稳定</td><td>稳定</td></tr>
<tr><td>设计高水位 +1.18m</td><td colspan="2" rowspan="2">少量滚落至扭王字块表面及海侧，失稳</td><td>在拐角位置有 2 块晃动</td><td>稳定</td><td>稳定</td><td>稳定</td></tr>
<tr><td>极端高水位 +1.75m</td><td>稳定</td><td>在拐角位置有 2 块晃动</td><td>稳定</td><td>稳定</td></tr>
</table>

在设计高水位、重现期为50年、$H_{13\%}=5.76\text{m}$、$T_s=18.3\text{s}$不规则波作用下，有越浪，测量最大水舌厚度为0.83m，平均为0.45m，形成堤后次生波$H_{13\%}=0.43\text{m}$，越浪情况如图4-80所示。堤顶拐角位置2块16t扭王字块有晃动，但未发现位移。随着块石平台上方水深增加，1000~2000kg棱体块石和500~1000kg块石被卷上扭王字块表面，或散落海侧。试验结果见表4-25。

图4-80　在设计高水位，堤顶越浪

在极端高水位、重现期为50年、$H_{13\%}=5.84\text{m}$、$T_s=18.3\text{s}$不规则波作用下，有越浪，测量最大水舌厚度为1.17m，平均为0.64m，形成堤后次生波$H_{13\%}=0.55\text{m}$，越浪情况如图4-81所示。堤顶2块10t扭王字块有晃动，没有位移。试验结果见表4-25。

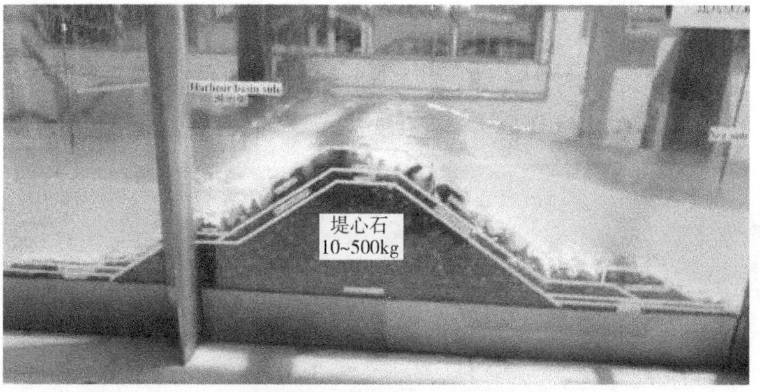

图4-81　在极端高水位，堤顶越浪

上述试验结果表明：在极端低水位时没有越浪，在设计低水位、设计高水位时有越浪。设计断面150~250kg护底块石、400~500kg棱体块石失稳。分别采用500~1000kg块石作护底块石、1000~2000kg块石作棱体块石，块石仍被冲至扭王字块表面，或滚落至海侧，失稳。

③修改断面二试验。

增加 25m 护底块石至 40m 试验：将护底块石加大至 500 ~ 1000kg、加长至 40m，同时去掉 400 ~ 500kg 棱体块石，将 800 ~ 1600kg 垫层块石延伸，并在其上方安放 2t 扭王字块（即 16t 扭王字块前），断面结构如图 4-82 所示，模型摆放如图 4-83 所示。

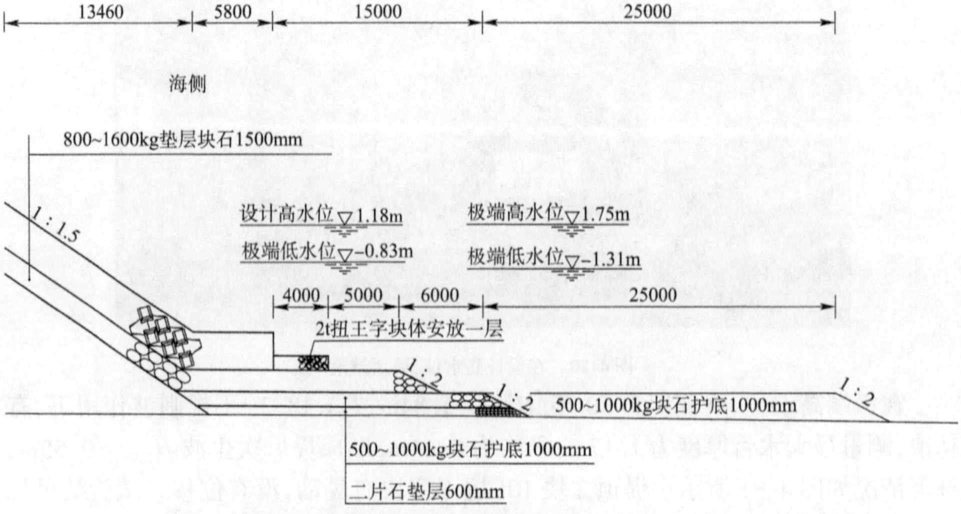

图 4-82　护底块石加长模型摆放情况（尺寸单位：mm）

图 4-83　2t 扭王字块、500 ~ 1000kg 块石模型摆放情况

在极端低水位、重现期为 50 年、$H_{13\%}$ = 5.36m、T_s = 18.3s 以及设计低水位、重现期为 50 年、$H_{13\%}$ = 5.43m、T_s = 18.3s 不规则波作用下，极端低水位有溅浪，设计低水位有越浪。波浪连续作用 3h 后，少量 2t 扭王字块被卷上 16t 扭王字块表面，500 ~ 1000kg 护底块石坡脚位置有块石滚落至海侧，如图 4-84 所示，整体稳定。试验结果见表 4-26。

在设计高水位、重现期为 50 年、$H_{13\%}=5.76\text{m}$、$T_s=18.3\text{s}$ 以及极端高水位、重现期为 50 年、$H_{13\%}=5.84\text{m}$、$T_s=18.3\text{s}$ 不规则波作用下，有越浪。堤顶拐角位置 2 块 16t 扭王字块有晃动，但未发现位移。波浪连续作用 3h 后，少量 2t 扭王字块被卷上 16t 扭王字块表面，失稳。800 ~ 1600kg 块石稳定。500 ~ 1000kg 护底块石坡脚位置有块石滚落至海侧，部分被卷至 800 ~ 1600kg 块石表面，2t 扭王字块和护底块石的滚落情况如图 4-85 所示。

图 4-84　极端低水位时，2t 扭王字块、500 ~ 1000kg 块石变形情况（俯视）

图 4-85　设计高水位时，2t 扭王字块、500 ~ 1000kg 块石变形情况（俯视）

18-18 修改断面二试验结果　　表 4-26

<table>
<tr><th rowspan="3">水　位</th><th colspan="7">断面各单元稳定情况</th></tr>
<tr><th colspan="4">海侧</th><th>堤顶</th><th colspan="2">港侧</th></tr>
<tr><th>500 ~ 1000kg 护底块石</th><th>800 ~ 1600kg 棱体块石</th><th>2t 扭王字块支撑棱体</th><th>16t 扭王字块护面</th><th>16t 扭王字块护面</th><th>16t 扭王字块护面</th><th>150 ~ 250kg 护底块石</th></tr>
<tr><td>极端低水位 -1.31m</td><td rowspan="4">坡脚块石坍塌滚落至海侧，部分被卷至棱体块石表面</td><td rowspan="4">少量滚落至护底块石表面，个别被卷至扭王字块表面，稳定</td><td rowspan="4">少量被卷至 16t 扭王字块表面，失稳</td><td>稳定</td><td>稳定</td><td>稳定</td><td>稳定</td></tr>
<tr><td>设计低水位 -0.83m</td><td>稳定</td><td>稳定</td><td>稳定</td><td>稳定</td></tr>
<tr><td>设计高水位 +1.18m</td><td>在拐角位置有 2 块晃动</td><td>稳定</td><td>稳定</td><td>稳定</td></tr>
<tr><td>极端高水位 +1.75m</td><td>稳定</td><td>在拐角位置有 3 块晃动</td><td>稳定</td><td>稳定</td></tr>
</table>

增加 15m 护底块石至 30m 试验：在修改断面二中设计断面试验结果的基础上，将护底块石长度缩短 10m，即铺设护底长度至 30m，进行试验。断面结构如

图 4-86 所示。模型摆放结果如图 4-87 所示。

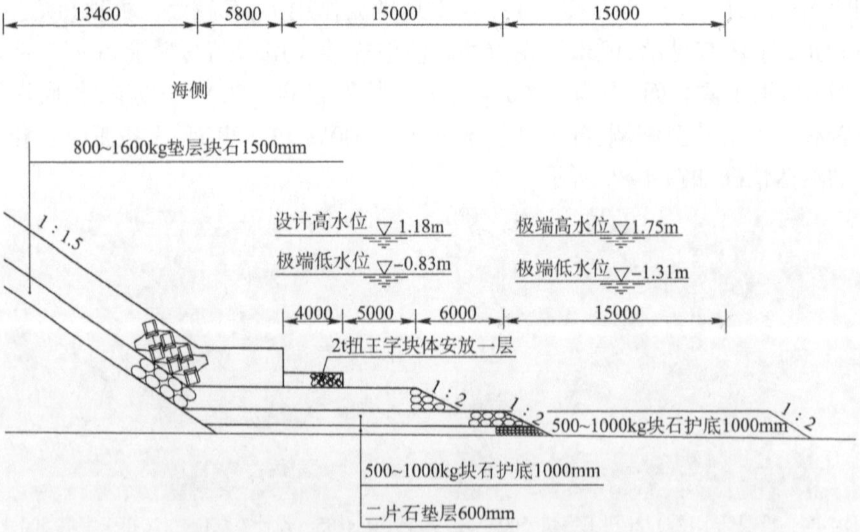

图 4-86　护底块石加长模型摆放情况(尺寸单位:mm)

图 4-87　2t 扭王字块、800 ~ 1600kg 块石和 500 ~ 1000kg 块石模型摆放情况

在极端低水位、重现期为 50 年、$H_{13\%}$ = 5.36m、T_s = 18.3s 以及设计低水位、重现期为 50 年、$H_{13\%}$ = 5.43m、T_s = 18.3s 不规则波作用下,极端低水位有溅浪,设计低水位有越浪。波浪连续作用 3h 后,少量 2t 扭王字块被卷上 16t 扭王字块表面,失稳。个别 800 ~ 1600kg 块石向海侧滚落,稳定。500 ~ 1000kg 护底块石坡脚位置有块石滚落至海侧,少量被卷至 800 ~ 1600kg 块石表面,2t 扭王字块和护底块石的滚落情况如图 4-88 所示,试验结果见表 4-27。

在设计高水位、重现期为 50 年、$H_{13\%}$ = 5.76m、T_s = 18.3s 以及极端高水位,重现期为 50 年、$H_{13\%}$ = 5.84m、T_s = 18.3s 不规则波作用下,有越浪。堤顶拐角位置 16t 扭王字块有晃动,但未发现位移。波浪连续作用 3h 后,少量 2t 扭王字块被卷上 16t 扭王字块表面，失稳。个别 800 ~ 1600kg 块石散落至 500 ~ 1000kg 护底块石表面，稳定。500 ~ 1000kg 护底块石坡脚位置有块石滚落至海侧，部分被卷至 800 ~ 1600kg 块石表面，2t 扭王字块和护底块石的滚落情况如图 4-89 所示。试验结果见表 4-26。

图 4-88　2t 扭王字块、800 ~ 1600kg 块石和 500 ~ 1000kg 块石变形情况（俯视）

图 4-89　2t 扭王字块、500 ~ 1000kg 块石变形情况（侧面 2）

24-24 设计断面试验结果　　表 4-27

水　位	断面各单元稳定情况					
	海侧			堤顶	港侧	
	150 ~ 250kg 护底块石	400 ~ 500kg 棱体块石	10t 扭王字块护面	10t 扭王字块护面	10t 扭王字块护面	150 ~ 250kg 护底块石
极端低水位 −1.31m	被卷上扭王字块表面，或散落海侧，失稳	被卷上扭王字块表面，或散落海侧，失稳	稳定	稳定	稳定	稳定
设计低水位 −0.83m	被卷上扭王字块表面，或散落海侧，失稳	被卷上扭王字块表面，或散落海侧，失稳	稳定	稳定	稳定	稳定

（3）施工期断面 18-18 试验

①10 ~ 500kg 堤心石断面。

在设计高水位、重现期为 2 年、$H_{13\%}=3.44$m、$T_s=15.19$s 波浪作用下，波浪连续作用第 1 个小时（原体值，下同）后，大量块石向港侧推移，堤顶高程由设计的 +3.5m 冲刷至 +0.8m 左右，在波浪连续作用 24h 后，堤顶高程仅为 −2.5m 左右，断面变化情况如图 4-90 ~ 图 4-95 所示。

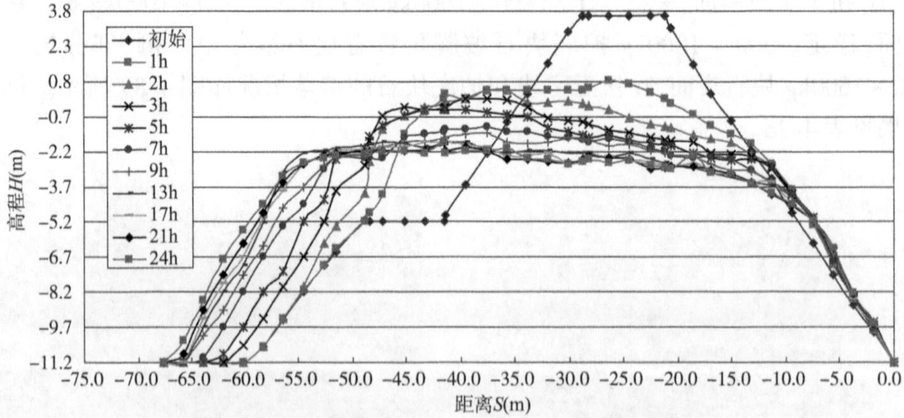

图 4-90　波浪连续作用 24h 后，堤心石断面形状变化情况

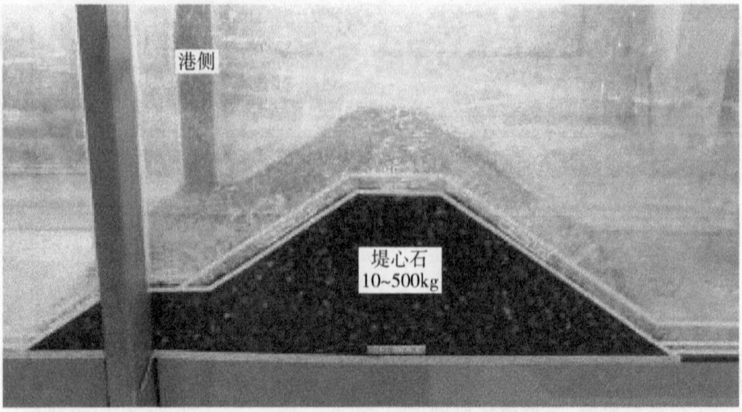

图 4-91　试验前堤心石断面的摆放情况

图 4-92　波浪连续作用 1h 后，堤心石断面变化情况

图4-93　波浪连续作用8h后，堤心石断面变化情况

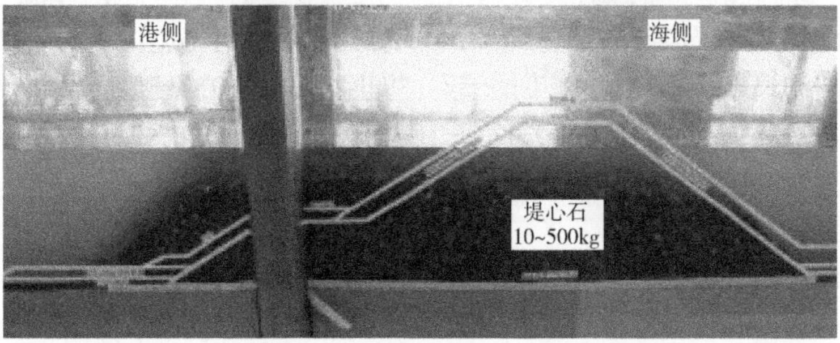

图4-94　波浪连续作用18h后，堤心石断面变化情况

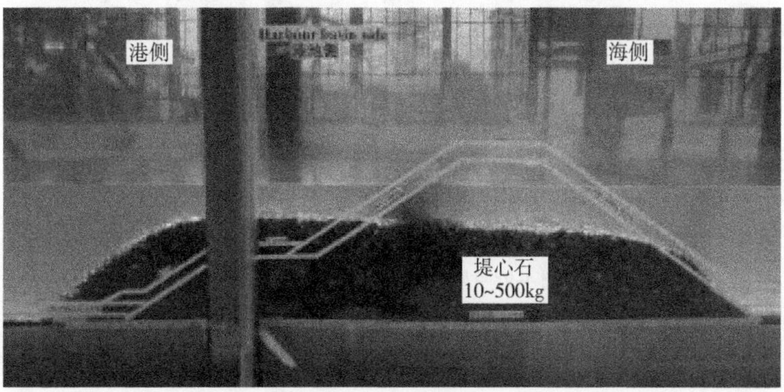

图4-95　波浪连续作用24h后，堤心石断面变化情况

②堤心石加800～1600kg垫层块石断面。

在设计低水位、重现期为2年、$H_{13\%}=3.26\mathrm{m}$、$T_s=15.19\mathrm{s}$波浪作用下，波浪连续作用3h后的试验变形情况如图4-96所示。护面块石被冲毁滚落至海侧，堤心石暴露。

在设计高水位、重现期为2年、$H_{13\%}=3.44\mathrm{m}$、$T_s=15.19\mathrm{s}$波浪作用下，波浪连续作用0.5h后的试验变形情况如图4-97所示。水面线以上块石被冲至港侧，堤心石暴露。波浪再连续作用，断面变形情况与堤心石断面相似。

图 4-96　在设计低水位，波浪连续作用 3h 后变形情况（侧面）

图 4-97　在设计高水位，波浪连续作用 0.5h 后变形情况（侧面）

根据施工期纯堤心石断面连续 24h 冲刷试验结果，可得施工堤心石断面时，需注意施工期波浪预报，控制好施工的节奏，防止波浪对堤心石破坏。另外根据堤心石 + 护面块石结果可知，施工时，最好采用边抛堤心石，边采用大块石或者扭王字块护面进行及时防护，从而保证堤施工效率。

（4）断面 24-24 试验

①设计断面试验。

模型摆放如图 4-98 所示。

图 4-98　断面 24-24 模型摆放情况

在极端低水位、重现期为 50 年、$H_{13\%}=4.33\text{m}$、$T_s=18.3\text{s}$ 不规则波作用下，有少量溅浪，如图 4-99 所示。波浪将大量 400 ~ 500kg 棱体块石卷上扭王字块表面，少量散落至海侧，如图 4-100 所示。150 ~ 250kg 护底块石被冲至 400 ~ 500kg 棱体块石表面，部分散落至海侧，认为失稳，经重复试验，仍然失稳，最后判定为失稳。断面其他部分稳定。试验结果见表 4-28。

在设计低水位、重现期为 50 年、$H_{13\%}=4.43\text{m}$、$T_s=18.3\text{s}$ 不规则波作用下，有溅浪，波浪爬高至堤顶。400 ~ 500kg 棱体块石和 150 ~ 250kg 护底块石被大量冲至扭王字块表面，如图 4-101 所示，认为失稳，经重复试验，仍然失稳，最后判定为失稳。断面其他部分稳定。试验结果见表4-27。

图4-99　在极端低水位，堤顶溅浪

图4-100　极端低水位时，400～500kg棱体块石试验情况（俯视）

图4-101　设计低水位时，400～500kg棱体块石和150～250kg护底块石变形情况

24-24 修改断面试验结果　　表4-28

水　　位	断面各单元稳定情况					
	海侧			堤顶	港侧	
	500～100kg护底块石	1000～2000kg棱体块石	10t扭王字块护面	10t扭王字块护面	10t扭王字块护面	150～250kg护底块石
极端低水位-1.31m	少量被冲至1000～2000kg块石表面及海侧，失稳	大量被冲至扭王字块表面，失稳	稳定	稳定	稳定	稳定
设计低水位-0.83m	少量滚落至棱体块石表面，失稳	大量滚落至扭王字块表面及海侧，失稳	稳定	稳定	稳定	稳定

续上表

水　　位	断面各单元稳定情况					
	海侧			堤顶	港侧	
	500～100kg护底块石	1000～2000kg棱体块石	10t扭王字块护面	10t扭王字块护面	10t扭王字块护面	150～250kg护底块石
设计高水位+1.18m	滚落，失稳		在拐角位置有3块晃动	稳定	稳定	稳定
极端高水位+1.75m	滚落，失稳		稳定	在拐角位置有2块晃动	稳定	稳定

②修改断面试验。

针对上述400～500kg棱体块石、150～250kg护底块石失稳的试验结果，将400～500kg棱体块石增至1000～2000kg、150～250kg护底块石增至500～1000kg。模型摆放如图4-102所示。

图4-102　1000～2000kg块石和500～1000kg块石模型摆放情况

图4-103　1000～2000kg块石和500～1000kg块石变形情况(侧面)

在极端低水位、重现期为50年、$H_{13\%}=4.33\text{m}$、$T_s=18.3\text{s}$不规则波作用下，没有越浪。少量1000～2000kg棱体块石被卷上扭王字块表面，波谷作用时，个别散落至海侧，如图4-103所示。个别500～1000kg护底块石被冲至1000～2000kg棱体块石表面，或滚落至海侧，认为失稳，经重复试验，仍然失稳，最后判定为失稳。试验结果见表4-29。

27-27 设计断面试验结果　　表 4-29

<table>
<tr><td rowspan="3">水　　位</td><td colspan="4">断面各单元稳定情况</td></tr>
<tr><td colspan="2">海侧</td><td>堤顶</td><td>港侧</td></tr>
<tr><td>150 ~ 250kg
护底块石</td><td>5t 扭王
字块护面</td><td>5t 扭王
字块护面</td><td>150 ~ 250kg
护底块石</td></tr>
<tr><td>极端低水位 -1.31m</td><td rowspan="2">块石滚落,端部坡度变缓,失稳</td><td>个别晃动</td><td>稳定</td><td>稳定</td></tr>
<tr><td>设计低水位 -0.83m</td><td>个别晃动</td><td>稳定</td><td>稳定</td></tr>
<tr><td>设计高水位 +1.18m</td><td>大量块石被冲至扭王字块表面,失稳</td><td>稳定</td><td>个别晃动,稳定</td><td>稳定</td></tr>
</table>

在设计低水位、重现期为 50 年、$H_{13\%}=4.43\text{m}$、$T_s=18.3\text{s}$ 不规则波作用下,没有越浪,波浪爬高至堤顶。大量 1000 ~ 2000kg 棱体块石被卷上扭王字块;500 ~ 1000kg 护底块石被冲至 1000 ~ 2000kg 棱体表面,或滚落至海侧,波浪连续作用 3h 后,块石滚落情况如图 4-104 所示,发生明显变形,认为失稳,经重复试验,仍然失稳,最后判定为失稳。试验结果见表 4-29。

图 4-104　1000 ~ 2000kg 块石和 500 ~ 1000kg 块石变形情况(侧面 1)

在设计高水位、重现期为 50 年、$H_{13\%}=4.70\text{m}$、$T_s=18.3\text{s}$ 不规则波作用下,有越浪,最大水舌厚度为 0.71m,平均为 0.30m,形成堤后次生波 $H_{13\%}=0.36\text{m}$,越浪情况如图 4-105 所示。堤顶拐角位置 3 块 10t 扭王字块有晃动,但未发现位移。少量 1000 ~ 2000kg 棱体块石和 500 ~ 1000kg 块石被卷上扭王字块表面,或散落海侧,波浪连续作用 3h 后,块石滚落情况如图 4-106 所示,因此认为失稳,经重复试验,仍然失稳,最后判定为失稳。试验结果见表 4-29。

图 4-105 在设计高水位,堤顶越浪

图 4-106 1000 ~ 2000kg 块石和 500 ~ 1000kg 块石变形情况(侧面 2)

在极端高水位、重现期为 50 年、$H_{13\%}$ = 4.77m、T_s = 18.3s 不规则波作用下,有越浪,测量最大水舌厚度为 0.98m,平均为 0.43m,形成堤后次生波 $H_{13\%}$ = 0.45m,越浪情况如图 4-107 所示。堤顶 2 块 10t 扭王字块有晃动,没有位移。少部分 1000 ~ 2000kg 棱体块石和 500 ~ 1000kg 块石被卷上扭王字块表面,波浪连续作用 3h 后块石滚落情况如图 4-108 所示,认为失稳,经重复试验,仍然失稳,最后判定为失稳。试验结果见表 4-28。

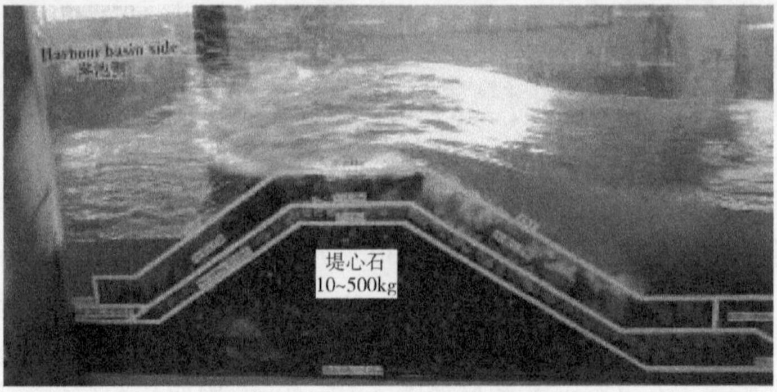

图 4-107 在极端高水位,堤顶越浪

图4-108 1000~2000kg块石和500~1000kg块石变形情况(俯视)

上述试验结果表明:在低水位时没有越浪,在高水位时有越浪。设计断面150~250kg护底块石、400~500kg棱体块石失稳。分别采用500~1000kg块石作护底块石、1000~2000kg块石作棱体块石,块石被冲至扭王字块表面,或滚落至海侧,失稳。

③修改断面试验。

根据设计断面试验结果,将护底块石加大至500~1000kg、加长至30m,同时去掉400~500kg棱体块石,将500~1000kg垫层块石延伸,并在其上方安放2t扭王字块(即10t扭王字块坡脚前)。

在各水位波浪作用下,护底海侧有少量块石滚落,棱体表面有块石滚动,整体保持稳定。2t扭王字块作棱体,失稳。经与设计单位沟通后,该位置扭王字块失稳可以接受,本修改断面成立。

(5)断面27-27试验

根据设计断面图纸,按照模型试验比尺,水槽内防波堤断面模型摆放情况如图4-109所示。

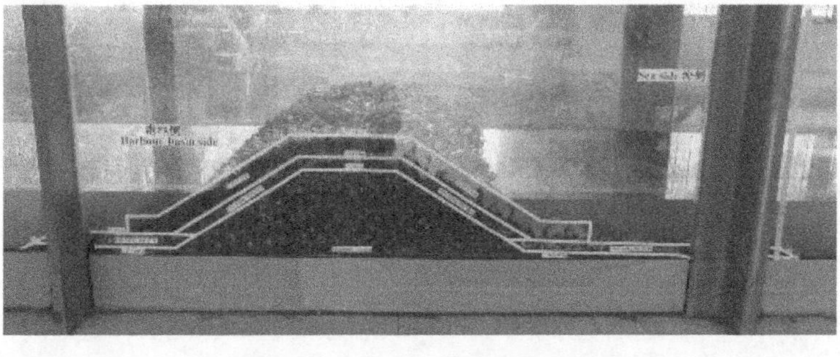

图4-109 断面27-27模型摆放情况

①设计断面试验。

在极端低水位、重现期为50年、$H_{13\%}=2.37\text{m}$、$T_s=18.3\text{s}$以及设计低水位、重

现期为 50 年、$H_{13\%}=2.74\text{m}$、$T_s=18.3\text{s}$ 不规则波浪作用下，波浪在堤前破碎，没有越浪，如图 4-110 所示。

图 4-110　在设计低水位作用下，波浪在堤前破碎

150～250kg 护底块石表面有块石往复滚动，少量块石滚落至海侧。波浪连续作用 3h 后，端部坡度变缓，判定为失稳。断面其他部分稳定。试验结果见表 4-30。

27-27 修改后断面试验结果　　表 4-30

<table>
<tr><td rowspan="3">水　位</td><td colspan="6">断面各单元稳定情况</td></tr>
<tr><td colspan="3">海侧</td><td>堤顶</td><td colspan="2">港侧</td></tr>
<tr><td>250～500kg 护底块石</td><td>500～800kg 护底块石</td><td>5t 扭王字块护面</td><td>5t 扭王字块护面</td><td>5t 扭王字块护面</td><td>150～250kg 护底块石</td></tr>
<tr><td>极端低水位 −1.31m</td><td>稳定</td><td>稳定</td><td rowspan="2">个别晃动，稳定</td><td>稳定</td><td>稳定</td><td>稳定</td></tr>
<tr><td>设计低水位 −0.83m</td><td>稳定</td><td>稳定</td><td>稳定</td><td>稳定</td><td>稳定</td></tr>
<tr><td>设计高水位 +1.18m</td><td rowspan="2">少量块石被冲至扭王字块表面，大量散落海侧，失稳</td><td rowspan="2">少量滚落至海侧，表面形态未发生明显变形，稳定</td><td rowspan="2">稳定</td><td rowspan="2">个别晃动，稳定</td><td>稳定</td><td>稳定</td></tr>
<tr><td>极端高水位 +1.75m</td><td>稳定</td><td>稳定</td></tr>
</table>

在设计高水位、重现期为 50 年、$H_{13\%}=3.62\text{m}$、$T_s=18.3\text{s}$ 不规则波浪作用下，有越浪，最大水舌厚度为 0.25m，堤后次生波 $H_{13\%}=0.13\text{m}$，越浪如图 4-111 所示。大量 150～250kg 护底块石被冲至 5t 扭王字块表面，150～250kg 块石坍塌滚落至海侧，如图 4-112 所示，判定为失稳。试验结果见表 4-29。

图4-111 在设计高水位,波浪在堤顶越浪

图4-112 150~250kg护底块石变形情况(俯视)

②修改断面试验。

针对上述150~250kg护底块石失稳的试验结果,将150~250kg护底块石分别增重至250~500kg、500~800kg块石,并且在模型上即1m宽水槽中同时进行试验(各安放一半),如图4-113所示。

图4-113 250~500kg块石、500~800kg块石模型摆放情况

在极端低水位、重现期为50年、$H_{13\%}=2.37\text{m}$、$T_s=18.3\text{s}$以及设计低水位、重现期为50年、$H_{13\%}=2.74\text{m}$、$T_s=18.3\text{s}$不规则波作用下,250~500kg、500~800kg护底块石,个别滚动,没有变形,块石稳定。试验结果见表4-31。

36-36 设计断面试验结果 表 4-31

水位	断面各单元稳定情况			
	海侧		堤顶	港侧
	150 ~ 250kg 护底块石	2t 扭王字块护面	2t 扭王字块护面	150 ~ 250kg 护底块石
极端低水位 -1.31m	稳定	稳定	稳定	稳定
设计低水位 -0.83m	稳定	稳定	稳定	稳定
设计高水位 +1.18m	稳定	稳定	稳定	稳定
极端高水位 +1.75m	稳定	稳定	稳定	稳定

在设计高水位、重现期为 50 年、$H_{13\%}=3.62\text{m}$、$T_s=18.3\text{s}$ 以及极端高水位、重现期为 50 年、$H_{13\%}=3.68\text{m}$、$T_s=18.3\text{s}$ 不规则波浪作用，堤顶越浪如图 4-114、图 4-115 所示。250 ~ 500kg 块石少量冲至扭王字块表面，大部分散落海侧，失稳；500 ~ 800kg 块石作护底，未发现扭王字块表面有散落块石，仅海侧有少量，但形状未发生明显变化，稳定。块石变形情况如图 4-116 所示。试验结果见表 4-30。

图 4-114 在设计高水位，堤顶越浪

图 4-115 在极端高水位，堤顶越浪

图 4-116　250 ~ 500kg 护底块石、500 ~ 800kg 护底块石变形情况(侧面)

上述试验结果表明:150 ~ 250kg 护底块石失稳,更换为 500 ~ 800kg 块石护底达到稳定。

(6)断面 36-36 试验

根据设计断面图纸,按照模型试验比尺,水槽内防波堤断面模型摆放情况如图 4-117 所示。

图 4-117　断面 36-36 模型摆放情况

在极端低水位、重现期为 50 年、$H_{13\%}$ = 1.43m、T_s = 18.3s 以及设计低水位、重现期为 50 年、$H_{13\%}$ = 1.55m、T_s = 18.3s 不规则波作用,波浪最大爬高至 2.5m,没有越浪,如图 4-118 所示。波浪连续作用 3h 后,断面各部分均稳定,试验结果见表 4-32。

图 4-118　在设计低水位波浪作用下的试验情况

试验波浪要素　　表4-32

重现期	水位 (m)	S向		SSW向	
		$H_{13\%}$ (m)	T_s (s)	$H_{13\%}$ (m)	T_s (s)
50年	+1.83	6.36	18.30	6.33	18.30
	+1.75	6.35	18.30	6.31	18.30
	+1.18	6.26	18.30	6.22	18.30
	-0.83	5.97	18.30	5.89	18.30
	-1.31	5.90	18.30	5.81	18.30
10年	+1.83	5.48	17.22	5.45	17.22
	+1.75	5.47	17.22	5.44	17.22
	+1.18	5.39	17.22	5.36	17.22
	-0.83	5.14	17.22	5.07	17.22
	-1.31	5.08	17.22	5.00	17.22
2年	+1.18	3.76	15.19	3.73	15.19

在设计高水位、重现期为50年、$H_{13\%}$ = 1.67m、T_s = 18.3s以及极端高水位、重现期为50年、$H_{13\%}$ = 1.69m、T_s = 18.3s不规则波浪作用下，没有越浪，如图4-119所示。在波浪连续作用下，断面各部分均稳定，试验前后块体对比如图4-120所示。试验结果见表4-31。

图4-119　在极端高水位，波浪爬高

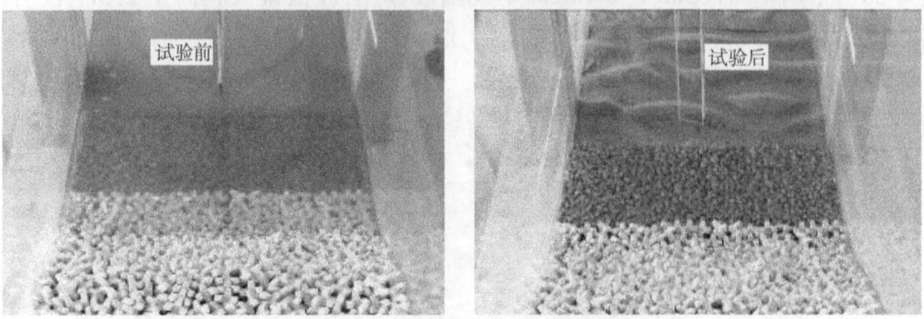

图4-120　试验前后断面对比情况

通过断面试验可知:在各水位波浪作用下,断面各部分均稳定,没有越浪。

5)小结

(1)东防波堤断面3-3:在极端低水位时没有越浪,在设计低水位、设计高水位时有越浪。150~250kg护底块石、400~500kg棱体块石失稳,将护底块石加大至500~1000kg、加长至30m,将垫层块石延长至9m,且加大至1100~2200kg,块石表面有滚动,整体保持稳定。可以用2t扭王字块作支撑棱体。

(2)东防波堤断面18-18:在极端低水位时没有越浪,在设计低水位、设计高水位时有越浪。设计断面150~250kg护底块石、400~500kg棱体块石失稳。分别采用500~1000kg块石作护底块石、1000~2000kg块石作棱体块石,块石仍被冲至扭王字块表面,或滚落至海侧失稳,将护底块石加长至30m,将垫层块石延长至9m,且加大至800~1600kg,块石表面块石有滚动,整体保持稳定。可以用2t扭王字块作支撑棱体。

(3)施工断面(东防波堤断面18-18位置):

10~500kg堤心石断面:在设计高水位、重现期为2年波浪作用下,1个小时后,大量块石向港侧推移,堤顶高程由设计的+3.5m冲至+0.8m左右,在波浪连续作用24h后,堤顶高程冲刷至-2.5m左右。

完成800~1600kg垫层石的施工断面:在设计高水位、重现期为2年波浪连续作用0.5h后,在水面线以上垫层石被冲至港侧,堤心石暴露。由于堤心石暴露,之后断面变化情况与10~500kg堤心石断面相同。

(4)东防波堤断面24-24:在低水位时没有越浪,在高水位时有越浪。设计断面150~250kg护底块石、400~500kg棱体块石失稳。分别采用500~1000kg块石作护底块石、1000~2000kg块石为棱体块石,块石仍被冲至扭王字块表面和滚落,或海侧失稳,将护底块石加长至30m,将垫层块石延长段9m,且加大至500~1000kg,块石表面块石有滚动,整体保持稳定。可以用2t扭王字块作支撑棱体。

(5)东防波堤断面27-27:在低水位时没有越浪,在高水位时有越浪。在各水位波浪作用下,150~250kg护底块石失稳,更换为500~800kg块石护底达到稳定。

(6)西防波堤断面36-36:在各水位波浪作用下,断面稳定,没有越浪。

4.2.4 典型工程之三:Adipala电厂一期防波堤工程整体物理模型试验

1)工程概述

同第4.2.3节。

2)试验依据条件

(1)试验水位(当地理论基础潮面起算)

百年一遇高水位:+1.83m;

极端高水位:+1.75m;

设计高水位:+1.18m;

设计低水位:-0.83m;

极端低水位:-1.31m。

(2)波浪要素

根据交通运输部天津水运工程科学研究所2010年7月编制的《印度尼西亚Adipala 1×660MW电站项目波浪数学模型试验研究报告》,工程区常浪向为S向(出现频率为57.5%),同时根据工程平面布置,口门朝向W,外海SSW向波浪对港内波浪条件有一定影响,因此波浪整体物理模型试验浪向选取S向、SSW向,试验波浪重现期为50年、10年和2年。试验波浪入射条件选取《印度尼西亚Adipala 1×660MW电站项目波浪数学模型试验研究报告》中-15m等深线处的波浪要素,见表4-32。

(3)地形及水工建筑物结构

工程区水下地形及水工建筑物结构形式均由中交第二航务工程勘察设计院有限公司提供。水下地形为电子版水深测图,港池泊位底高程-13.2m、港池和航道底高程为-13.0m。

防波堤采用斜坡式结构,防波堤结构平面布置见第4.2.3节相关内容。码头为高桩梁板结构,码头面高程为+4.08m。

3)试验方法

根据试验要求,结合试验场地及设备能力综合考虑,选取模型几何比尺为150,即波高比尺为150,周期比尺为12.247。

模型采用桩点法复制,平面尺寸及高程按几何相似原则制作。场地平面尺寸用钢卷尺测量,按1.0m×1.0m布设桩点,平面尺寸偏差控制在1cm以内;地形桩点高程用水准仪精确控制,偏差在±1mm以内。模型填沙后用水泥砂浆抹平压光。防波堤采用相应块石进行模拟以保证反射率相似,高桩码头采用相应尺寸的钢筋和木材模拟。高程用水准仪控制,偏差在±1mm以内。

模型模拟了平面设计方案的东、西防波堤,港内码头、进水口和出水口及港池和航道等水域,防波堤堤头距离造波机在6倍以上试验最大波长,距离水池边界在3倍波长以上,同时模型中设置了消波和导波设施,以消除不利于试验的波浪反射和扩散现象。

图4-121为模型实景。各测点位置及底高程见表4-33。

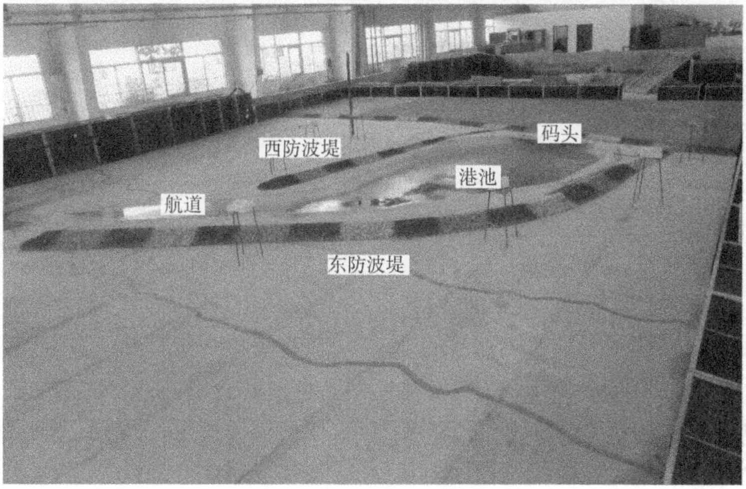

图4-121 制作完成后模型实景

各测点位置及底高程 表4-33

位置	测点	底高程(m)
起波点	P_1	-15.00
	P_2	-15.00
	P_3	-15.00
东防波堤海侧	P_4	-13.50
	P_5	-13.50
	P_6	-13.00
	P_7	-11.00
	P_8	-7.50
出水口	P_9	-1.50
航道	P_{10}	-13.00
东防波堤港侧	P_{11}	-12.40
	P_{12}	-10.20
港池	P_{13}	-13.00
	P_{14}	-13.00
进水口	P_{15}	-13.00

续上表

位　置	测　点	底高程(m)
泊位	P_{16}	-13.20
	P_{17}	-13.20
西防波堤海侧	P_{18}	-11.40
	P_{19}	-10.00
	P_{20}	-6.20
	P_{21}	-2.00

不规则波每组波浪要素的波列都保持波个数在200个以上。不同情况实测波谱与理论谱对比参见图4-122～图4-124。

处理试验资料时，波高取3次有效记录的均值，各测点的波高以比波高和波高的形式给出。比波高为各测点波高与起波边界波高之比。

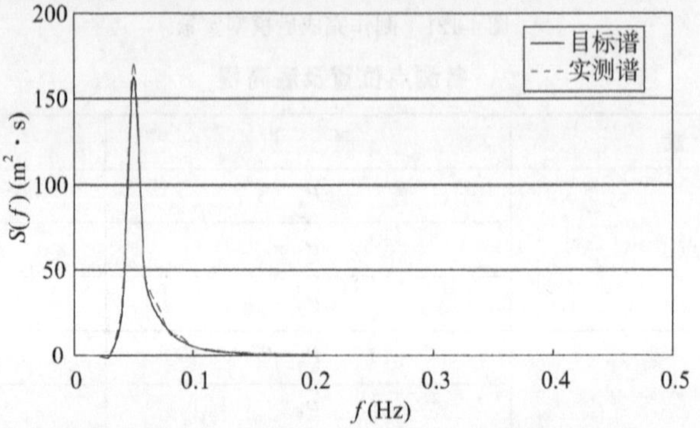

图4-122　在S向、极端高水位、重现期为50年波浪作用下的实测波谱与理论波谱对比

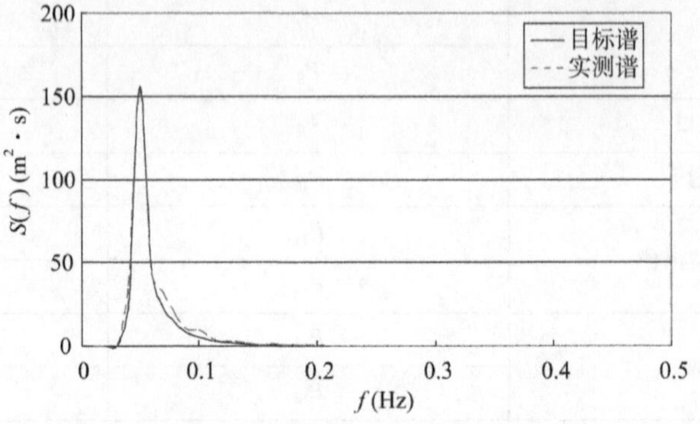

图4-123　在SSW向、设计高水位、重现期为50年波浪作用下的实测波谱与理论波谱对比

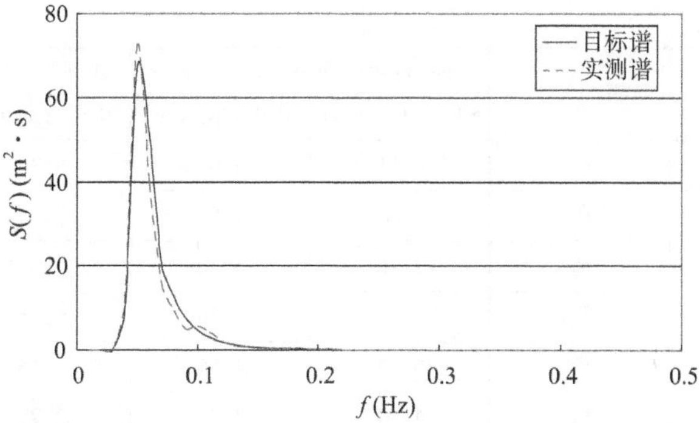

图4-124 在S向、设计高水位、重现期为10年波浪作用下的实测波谱与理论波谱对比

4)试验结果与分析

(1)港内波况及波高分布情况

针对平面布置方案，进行S向、SSW向，不同水位和重现期波浪作用下港区波浪条件试验研究。S向波浪作用时，由于东防波堤的掩护作用，通过口门传入港内的外海波浪较少，主要表现为东防波堤堤头的绕射浪，港池及码头泊位处波况良好，在设计高水位、重现期为2年波浪作用下，码头泊位处的比波高为0.15左右。SSW向波浪作用时，试验现象与S向波浪作用时基本相似，东防波堤对港内的掩护作用良好，口门处的波高比S向波浪作用时略有增大，但港内泊位处的波浪条件仍比较好。不同条件下试验场景如图4-125、图4-126所示，各测点$H_{13\%}$波高见表4-34～表4-38，港区比波高分布如图4-127～4-138所示。

图4-125 S向、极端高水位、重现期为50年波浪作用

图4-126 S向、设计高水位、重现期为10年波浪作用

百年一遇高水位各测点波高　　表4-34

位置	测点	S向、百年一遇高水位+1.83m		SSW向、百年一遇高水位+1.83m	
		50年$H_{13\%}$(m)	10年$H_{13\%}$(m)	50年$H_{13\%}$(m)	10年$H_{13\%}$(m)
起波点	P_1	6.31	5.52	6.36	5.46
	P_2	6.40	5.52	6.46	5.54

续上表

位　置	测　点	S 向、百年一遇高水位 +1.83m		SSW 向、百年一遇高水位 +1.83m	
		50 年 $H_{13\%}$（m）	10 年 $H_{13\%}$（m）	50 年 $H_{13\%}$（m）	10 年 $H_{13\%}$（m）
起波点	P_3	6.31	5.60	6.36	5.54
东防波堤海侧	P_4	5.47	4.59	7.23	6.12
	P_5	7.46	6.48	7.33	6.36
	P_6	7.28	6.36	6.75	5.85
	P_7	5.33	4.56	5.16	4.43
	P_8	4.09	3.35	3.72	3.10
出水口	P_9	1.86	1.37	1.35	1.11
航道	P_{10}	4.41	3.60	4.44	3.63
东防波堤港侧	P_{11}	1.30	1.12	1.47	1.26
	P_{12}	1.16	0.88	1.35	1.11
港池	P_{13}	1.36	1.12	1.53	1.31
	P_{14}	1.16	0.88	1.47	1.26
进水口	P_{15}	1.09	1.00	1.29	1.16
泊位	P_{16}	1.42	1.23	1.59	1.36
	P_{17}	0.95	0.72	0.95	0.71
西防波堤海侧	P_{18}	3.25	2.74	3.54	2.97
	P_{19}	3.07	2.61	3.16	2.71
	P_{20}	1.93	1.60	2.60	2.29
	P_{21}	0.95	0.88	2.35	2.07

极端高水位各测点波高　　表 4-35

位　置	测　点	S 向、极端高水位 +1.75m		SSW 向、极端高水位 +1.75m	
		50 年 $H_{13\%}$（m）	10 年 $H_{13\%}$（m）	50 年 $H_{13\%}$（m）	10 年 $H_{13\%}$（m）
起波点	P_1	6.29	5.47	6.31	5.44
	P_2	6.35	5.47	6.37	5.49
	P_3	6.29	5.52	6.31	5.49
东防波堤海侧	P_4	5.46	4.54	7.13	6.09
	P_5	7.30	6.35	7.19	6.26
	P_6	7.18	6.24	6.63	5.82
	P_7	5.27	4.49	5.05	4.35
	P_8	4.06	3.34	3.66	3.05

续上表

位　置	测　点	S 向、极端高水位 +1.75m		SSW 向、极端高水位 +1.75m	
		50 年 $H_{13\%}$（m）	10 年 $H_{13\%}$（m）	50 年 $H_{13\%}$（m）	10 年 $H_{13\%}$（m）
出水口	P_9	1.84	1.37	1.33	1.09
航道	P_{10}	4.32	3.56	4.35	3.59
东防波堤港侧	P_{11}	1.27	1.09	1.45	1.25
	P_{12}	1.14	0.88	1.33	1.09
港池	P_{13}	1.33	1.09	1.51	1.31
	P_{14}	1.14	0.88	1.45	1.25
进水口	P_{15}	1.08	0.98	1.26	1.14
泊位	P_{16}	1.40	1.20	1.58	1.36
	P_{17}	0.95	0.71	0.95	0.71
西防波堤海侧	P_{18}	3.24	2.74	3.47	2.94
	P_{19}	3.05	2.57	3.16	2.72
	P_{20}	1.91	1.59	2.59	2.28
	P_{21}	0.95	0.88	2.33	2.01

设计高水位各测点波高　　表 4-36

位　置	测　点	S 向、设计高水位 +1.18m			SSW 向、设计高水位 +1.18m		
		50 年 $H_{13\%}$（m）	10 年 $H_{13\%}$（m）	2 年 $H_{4\%}$（m）	50 年 $H_{13\%}$（m）	10 年 $H_{13\%}$（m）	2 年 $H_{4\%}$（m）
起波点	P_1	6.32	5.33	4.47	6.13	5.28	4.43
	P_2	6.26	5.44	4.60	6.33	5.45	4.46
	P_3	6.20	5.51	4.46	6.13	5.45	4.51
东防波堤海侧	P_4	5.45	4.51	3.69	7.07	5.90	5.10
	P_5	7.20	6.36	5.15	7.17	6.15	5.20
	P_6	7.14	6.25	5.01	6.48	5.75	4.76
	P_7	5.38	4.43	3.67	4.98	4.29	3.52
	P_8	3.99	3.23	2.68	3.64	2.99	2.42
出水口	P_9	1.81	1.34	1.03	1.32	1.08	0.90
航道	P_{10}	4.07	3.47	2.74	4.31	3.51	2.71
东防波堤港侧	P_{11}	1.25	1.08	0.82	1.44	1.24	0.90
	P_{12}	1.31	1.08	0.66	1.32	1.08	0.85

续上表

位置	测点	S向、设计高水位+1.18m			SSW向、设计高水位+1.18m		
		50年$H_{13\%}$(m)	10年$H_{13\%}$(m)	2年$H_{4\%}$(m)	50年$H_{13\%}$(m)	10年$H_{13\%}$(m)	2年$H_{4\%}$(m)
港池	P_{13}	1.34	1.08	0.86	1.49	1.28	0.94
	P_{14}	1.13	0.86	0.63	1.44	1.24	0.90
进水口	P_{15}	1.06	0.97	0.66	1.26	1.13	0.85
泊位	P_{16}	1.38	1.19	0.57	1.53	1.32	0.61
	P_{17}	0.93	0.70	0.58	0.91	0.69	0.63
西防波堤海侧	P_{18}	3.16	2.69	2.29	3.43	2.92	2.28
	P_{19}	3.02	2.55	2.07	3.09	2.66	2.23
	P_{20}	1.88	1.56	1.17	2.55	2.20	1.85
	P_{21}	1.13	0.86	0.58	1.87	1.66	1.35

设计低水位各测点波高 表4-37

位置	测点	S向、设计低水位-0.83m		SSW向、设计低水位-0.83m	
		50年$H_{13\%}$(m)	10年$H_{13\%}$(m)	50年$H_{13\%}$(m)	10年$H_{13\%}$(m)
起波点	P_1	6.09	5.04	5.83	5.02
	P_2	5.97	5.24	6.01	5.17
	P_3	5.90	5.27	5.83	5.17
东防波堤海侧	P_4	5.12	4.18	6.63	5.42
	P_5	6.85	6.12	6.80	5.83
	P_6	6.98	6.17	6.16	5.48
	P_7	5.16	4.26	4.65	4.00
	P_8	3.73	2.99	3.35	2.86
出水口	P_9	1.25	1.25	1.26	1.00
航道	P_{10}	3.82	3.32	3.96	3.45
东防波堤港侧	P_{11}	1.20	1.04	1.37	1.18
	P_{12}	1.23	1.04	1.26	1.00
港池	P_{13}	1.27	1.04	1.39	1.19
	P_{14}	1.08	0.80	1.37	1.18
进水口	P_{15}	(0.47)	(0.47)	(0.47)	(0.47)
泊位	P_{16}	1.29	1.11	1.41	1.21

续上表

位置	测点	S向、设计低水位 -0.83m		SSW向、设计低水位 -0.83m	
		50年 $H_{13\%}$(m)	10年 $H_{13\%}$(m)	50年 $H_{13\%}$(m)	10年 $H_{13\%}$(m)
泊位	P_{17}	0.89	0.67	0.71	0.64
西防波堤海侧	P_{18}	2.94	2.49	3.28	2.77
	P_{19}	2.90	2.36	2.89	2.49
	P_{20}	1.43	1.18	2.41	2.02
	P_{21}	1.08	0.80	1.59	1.37

注:表中括号内的数据表示该处波浪已破碎。

极端低水位各测点波高 表4-38

位置	测点	S向、极端低水位 -1.31m		SSW向、极端低水位 -1.31m	
		50年 $H_{13\%}$(m)	10年 $H_{13\%}$(m)	50年 $H_{13\%}$(m)	10年 $H_{13\%}$(m)
起波点	P_1	5.96	5.08	5.69	5.05
	P_2	5.85	5.13	5.92	5.09
	P_3	5.82	5.13	5.64	4.90
东防波堤海侧	P_4	4.85	4.12	6.53	5.50
	P_5	6.67	5.90	6.39	5.34
	P_6	6.89	5.76	5.98	5.25
	P_7	4.90	4.06	4.33	3.72
	P_8	3.60	2.68	3.14	2.56
出水口	P_9	—	—	—	—
航道	P_{10}	3.40	2.95	3.77	3.40
东防波堤港侧	P_{11}	1.16	1.00	1.33	1.15
	P_{12}	1.09	0.99	1.17	0.98
港池	P_{13}	1.13	1.00	1.30	1.12
	P_{14}	0.96	0.72	1.33	1.15
进水口	P_{15}	0.89	0.83	1.14	1.01
泊位	P_{16}	1.24	1.07	1.39	1.16
	P_{17}	0.79	0.60	0.68	0.62
西防波堤海侧	P_{18}	2.78	2.46	2.99	2.68
	P_{19}	2.82	2.26	2.79	2.40
	P_{20}	1.41	1.07	2.15	1.90
	P_{21}	0.97	0.72	1.22	1.15

注:"—"表示地形几近露滩,模型中不可测。

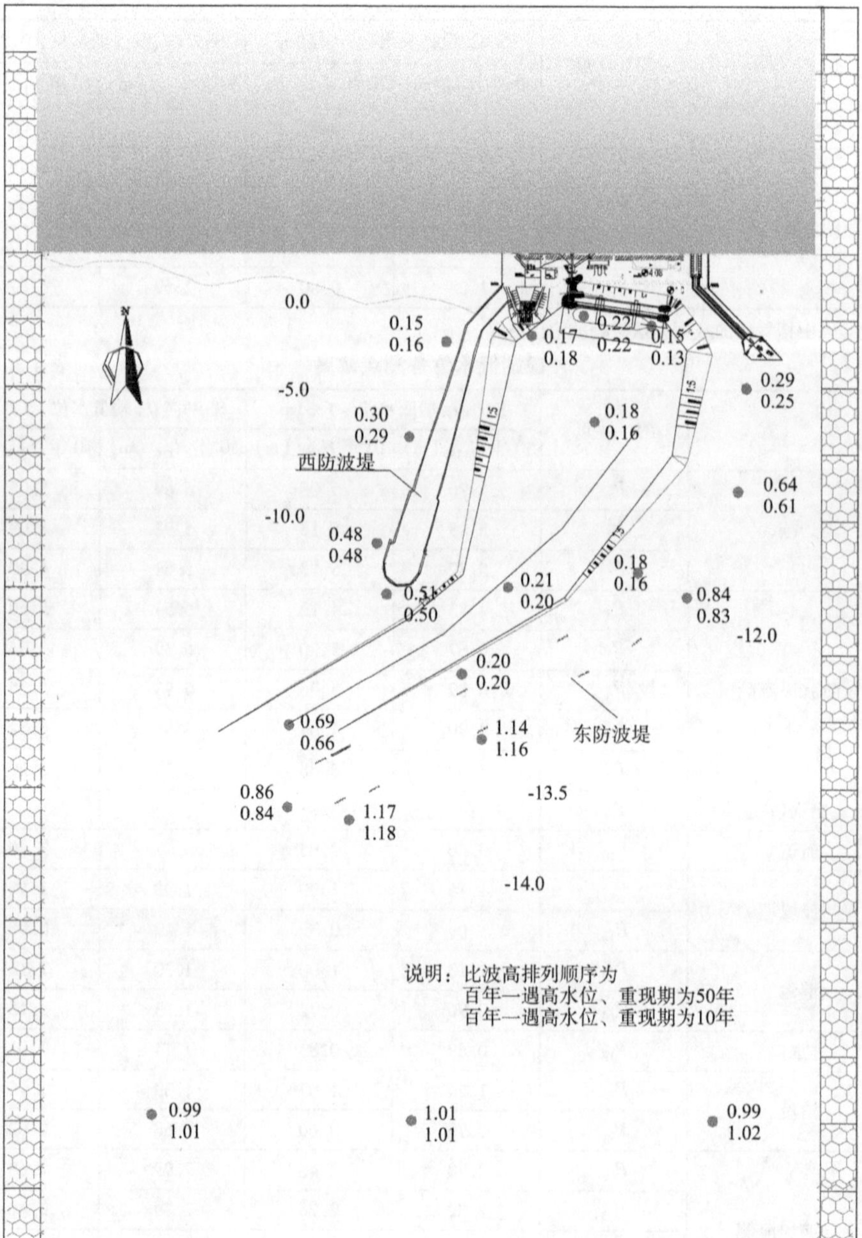

图4-127　S向，百年一遇高水位，重现期为50年、10年波浪作用下测点比波高

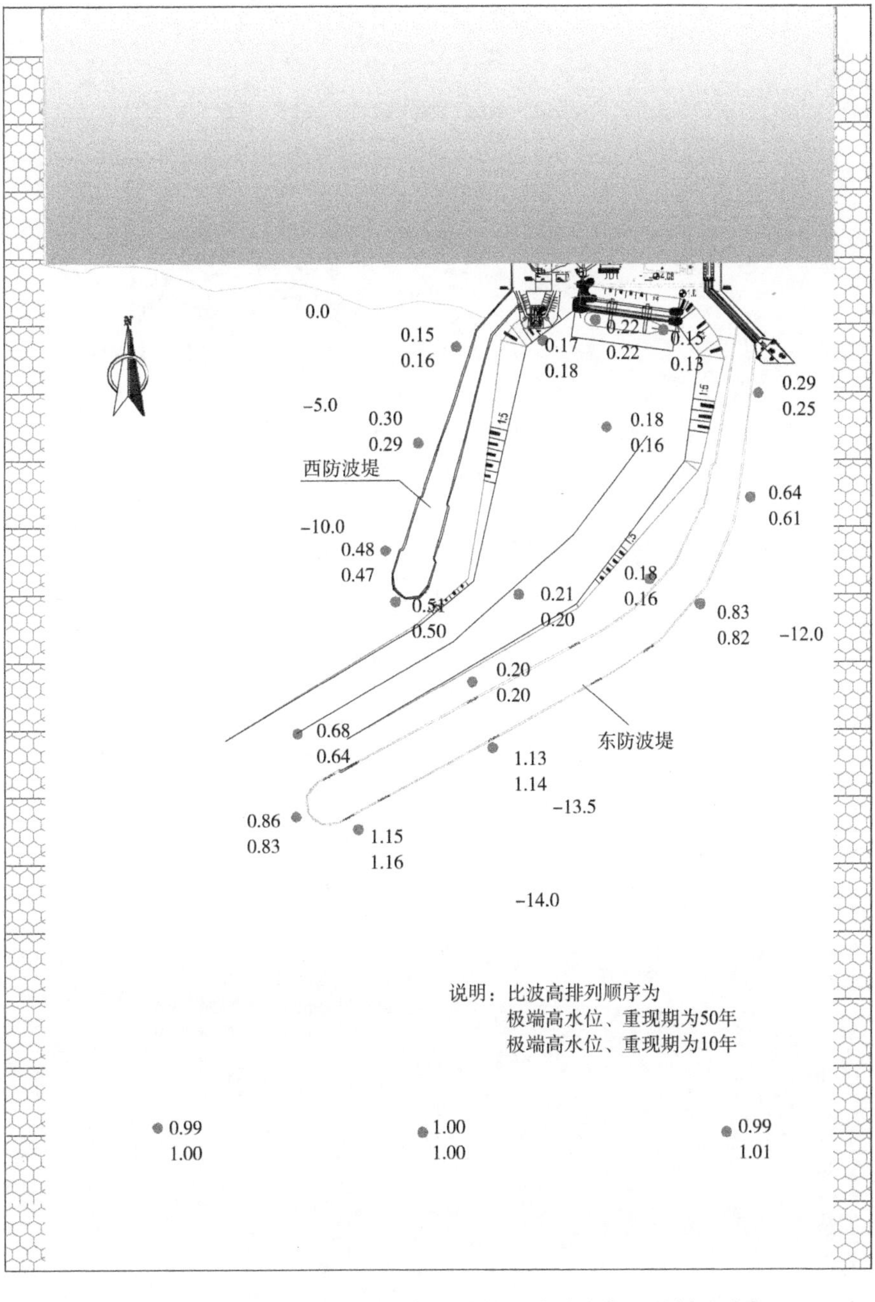

图 4-128　S 向，极端高水位，重现期为 50 年、10 年波浪作用下测点比波高

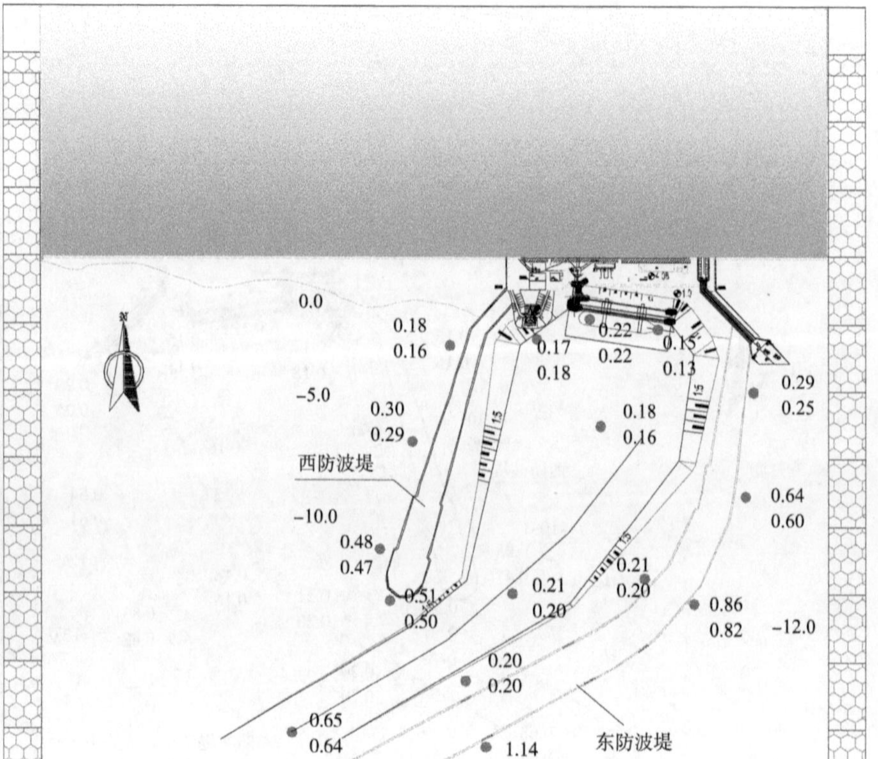

图 4-129　S 向，设计高水位，重现期为 50 年、10 年波浪作用下测点比波高

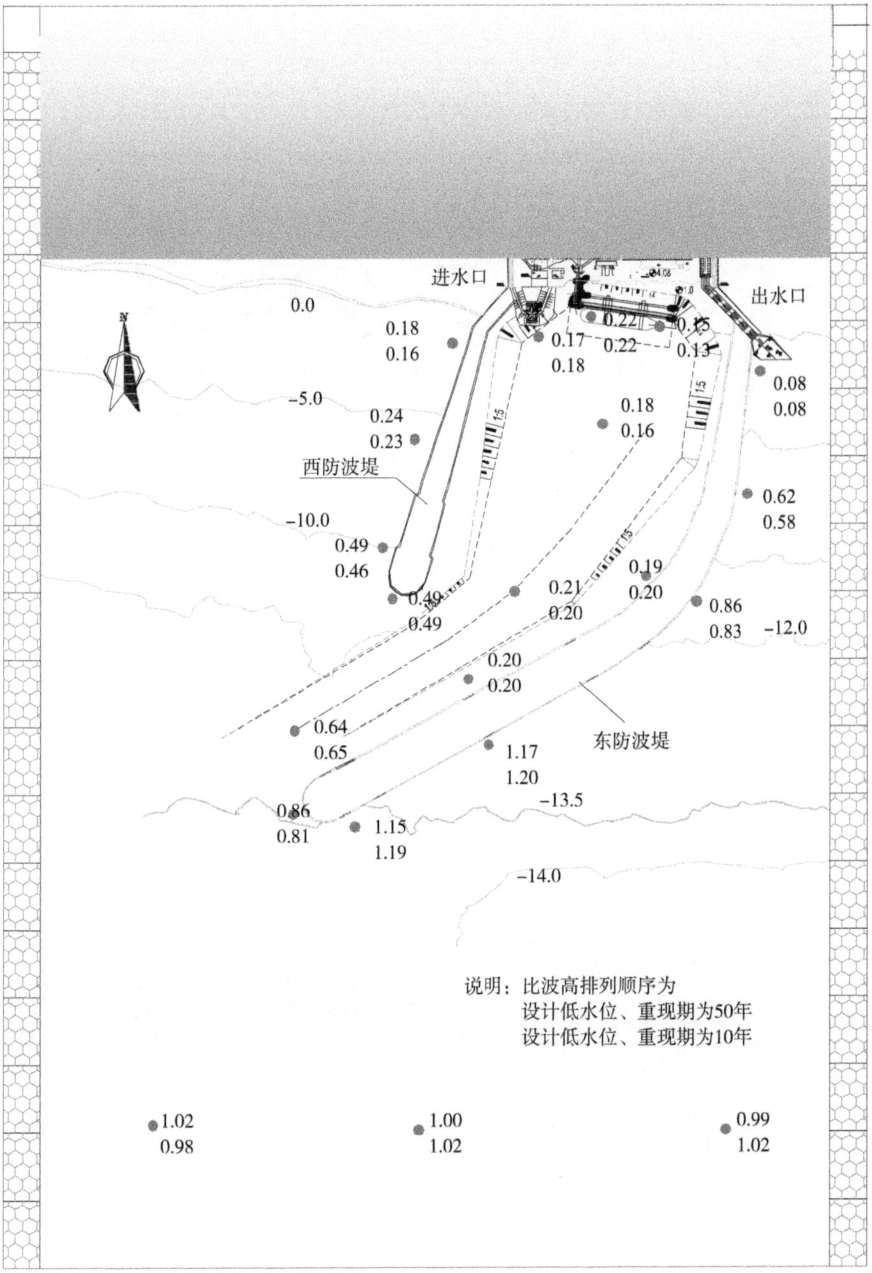

图4-130　S向,设计低水位,重现期为50年、10年波浪作用下测点比波高

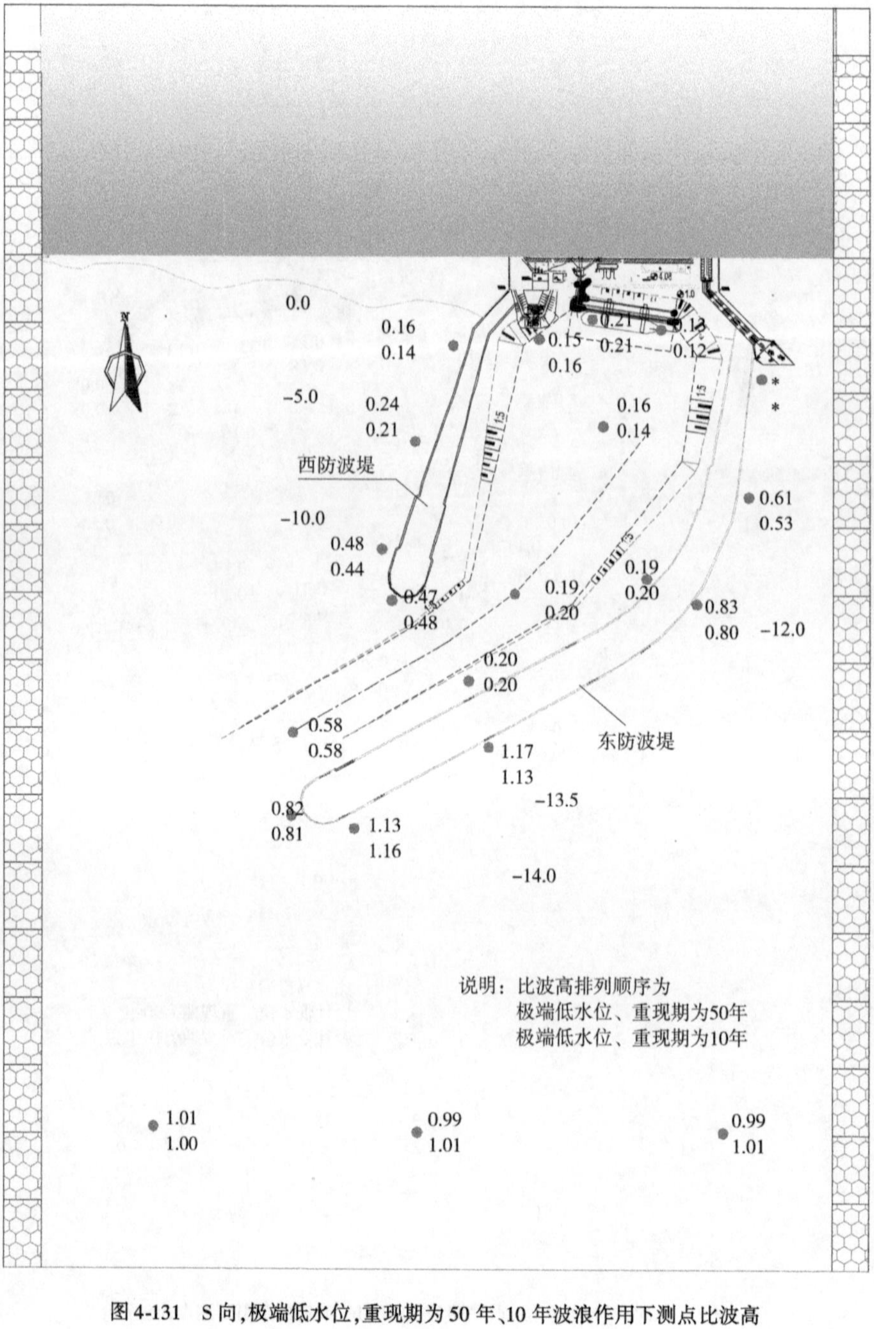

图4-131　S向，极端低水位，重现期为50年、10年波浪作用下测点比波高

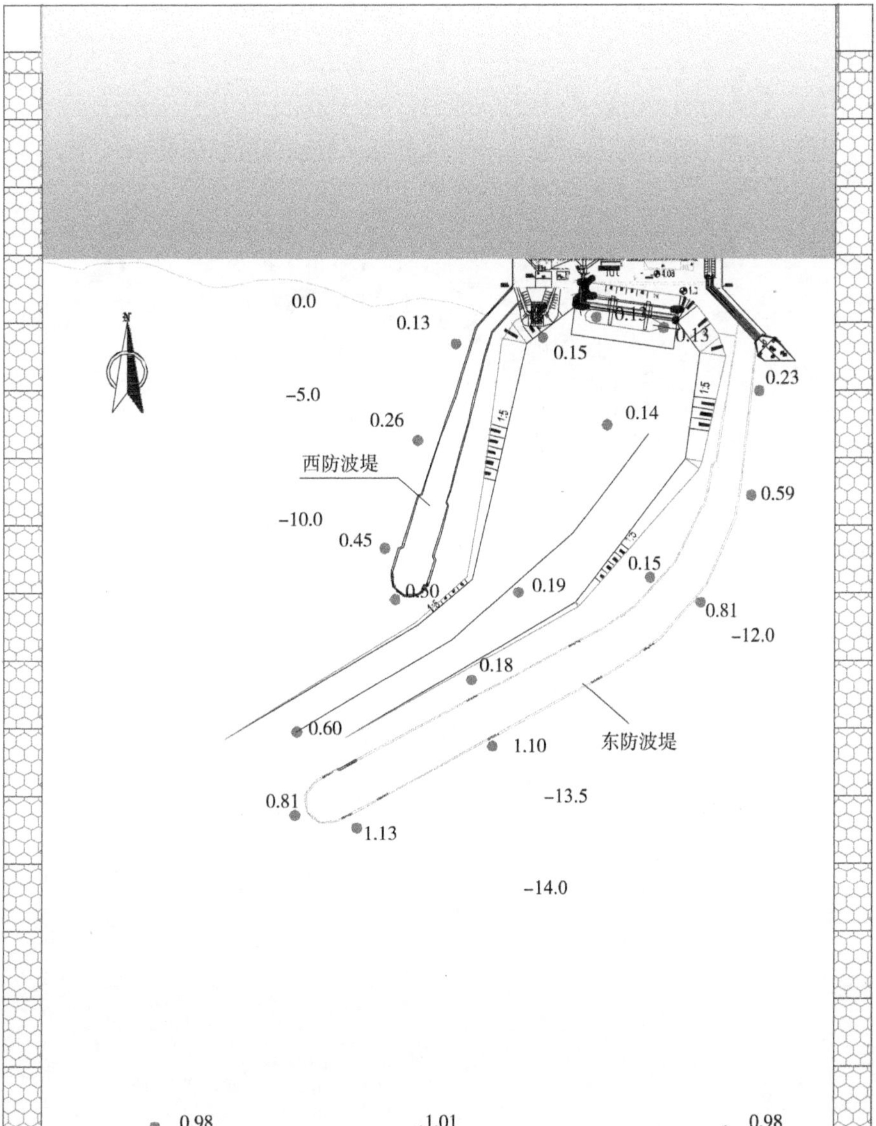

图 4-132　S 向、设计高水位、重现期为 2 年波浪作用下测点比波高

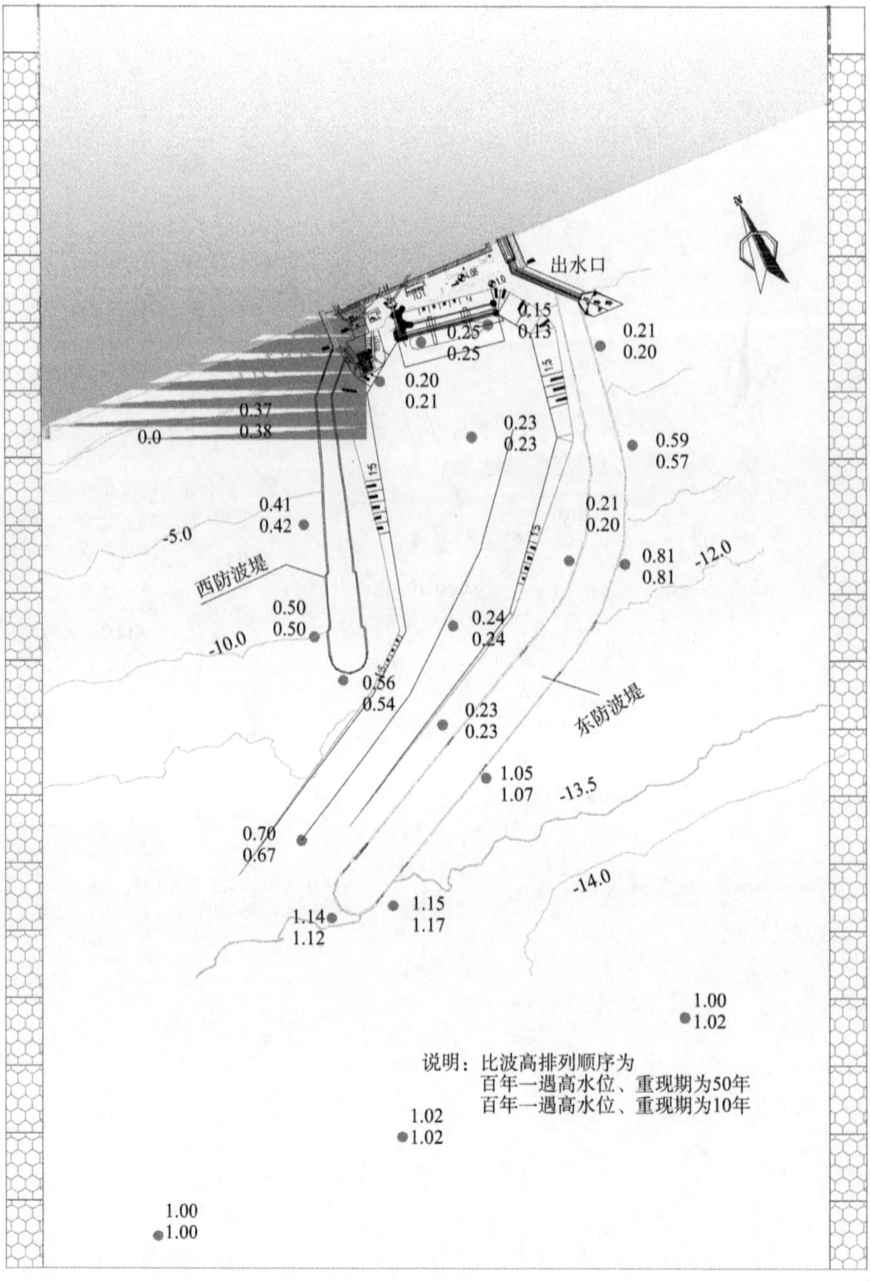

图 4-133　SSW 向，百年一遇高水位，重现期为 50 年、10 年波浪作用下测点比波高

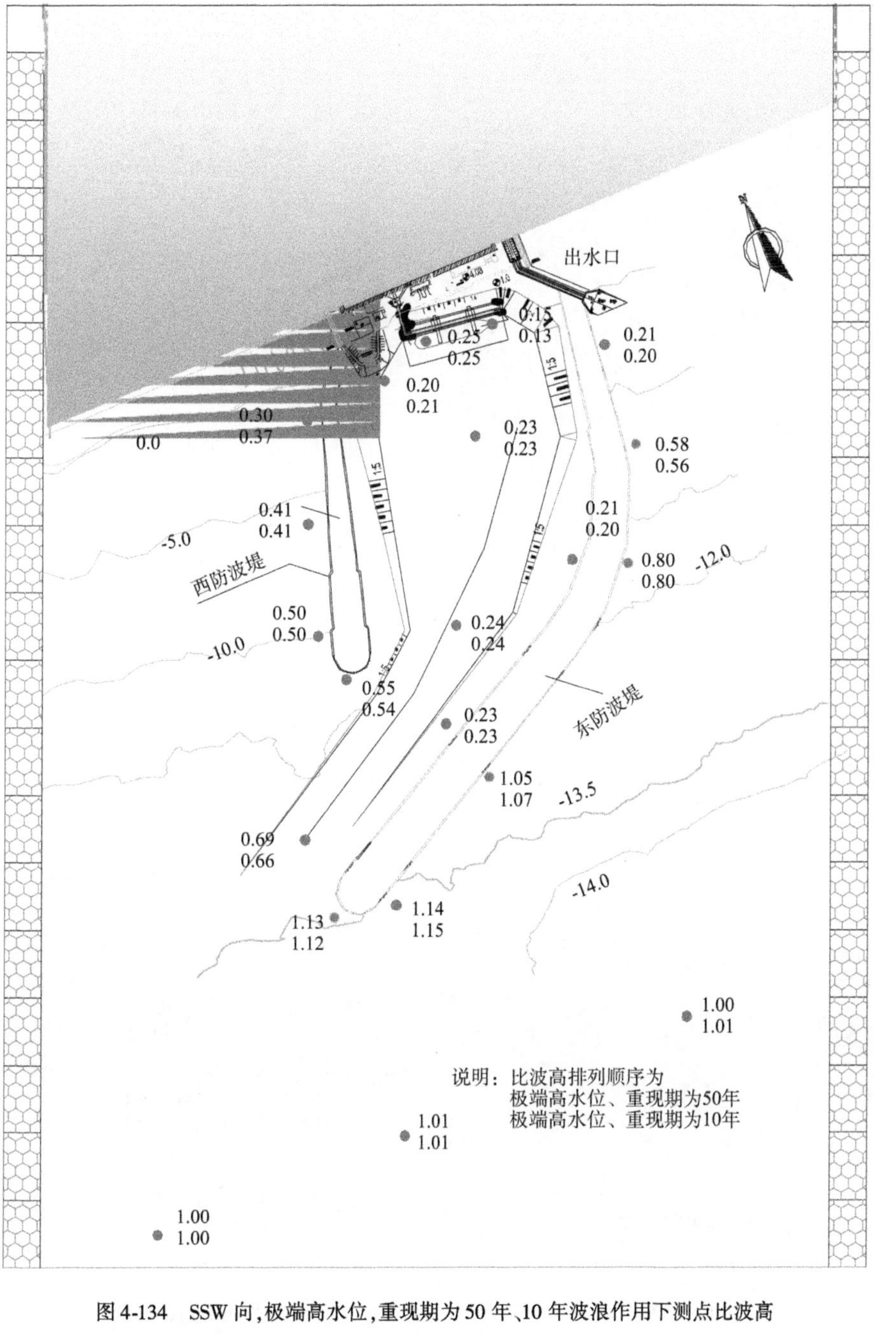

图4-134 SSW向,极端高水位,重现期为50年、10年波浪作用下测点比波高

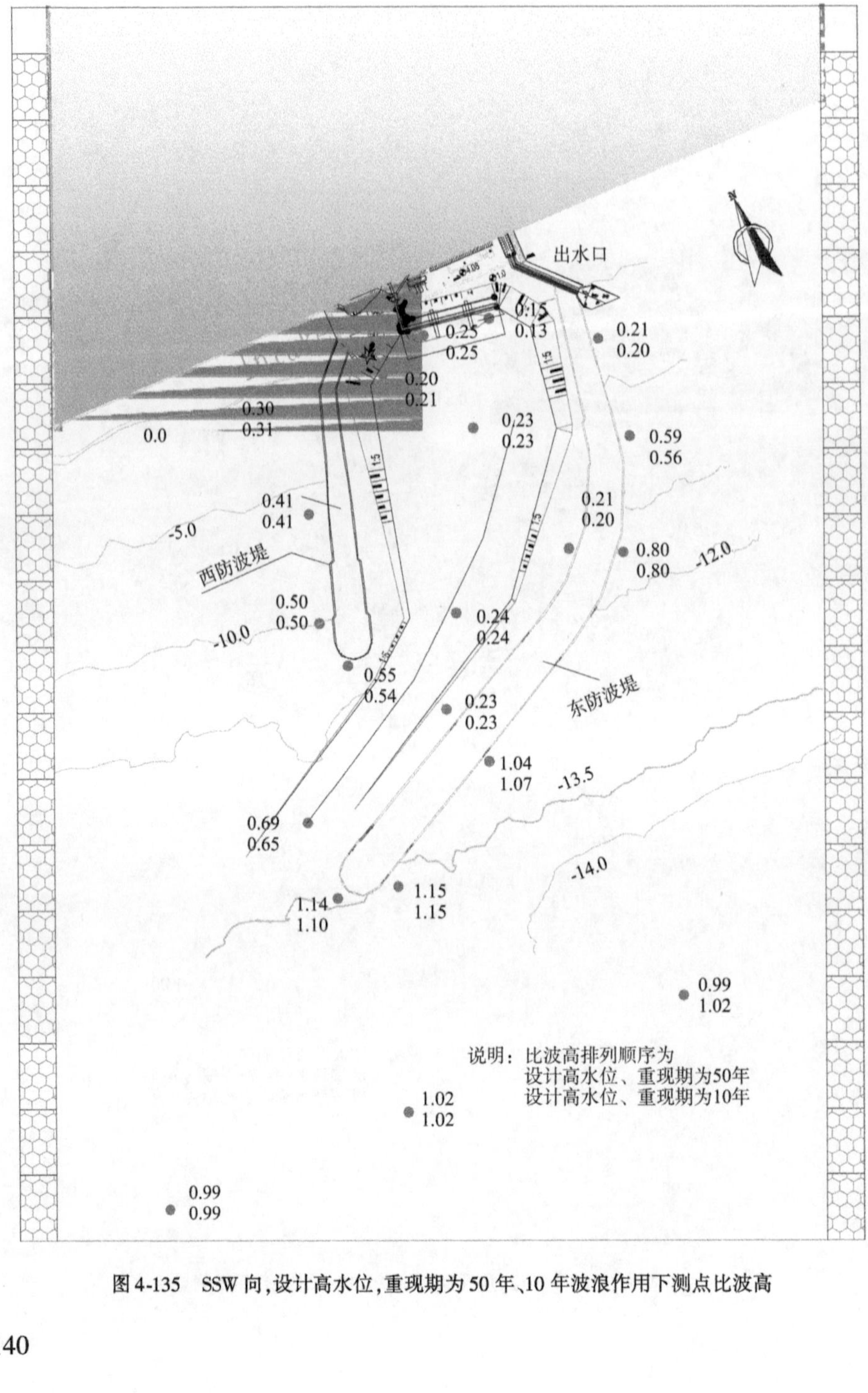

图4-135　SSW向，设计高水位，重现期为50年、10年波浪作用下测点比波高

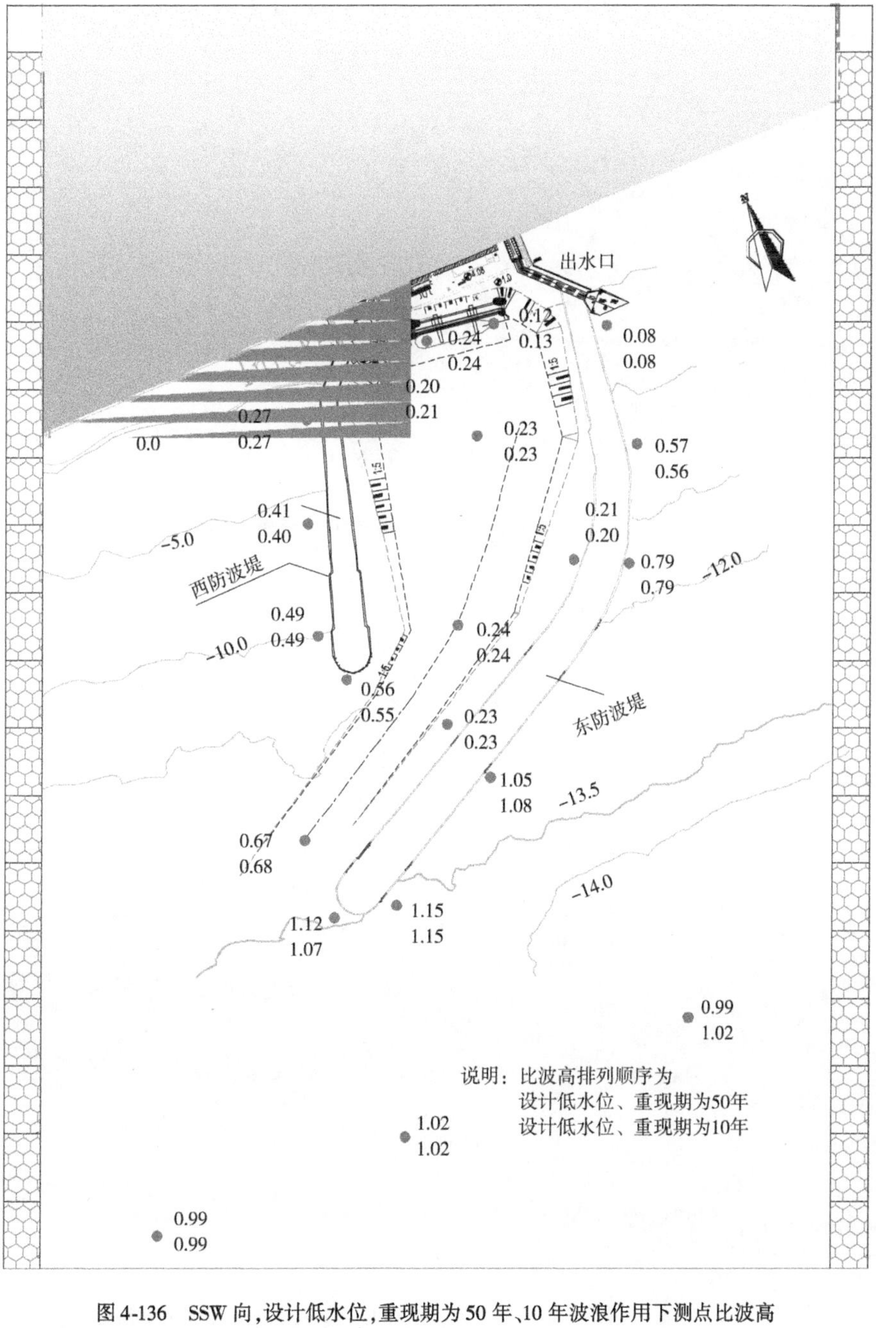

图4-136　SSW向，设计低水位，重现期为50年、10年波浪作用下测点比波高

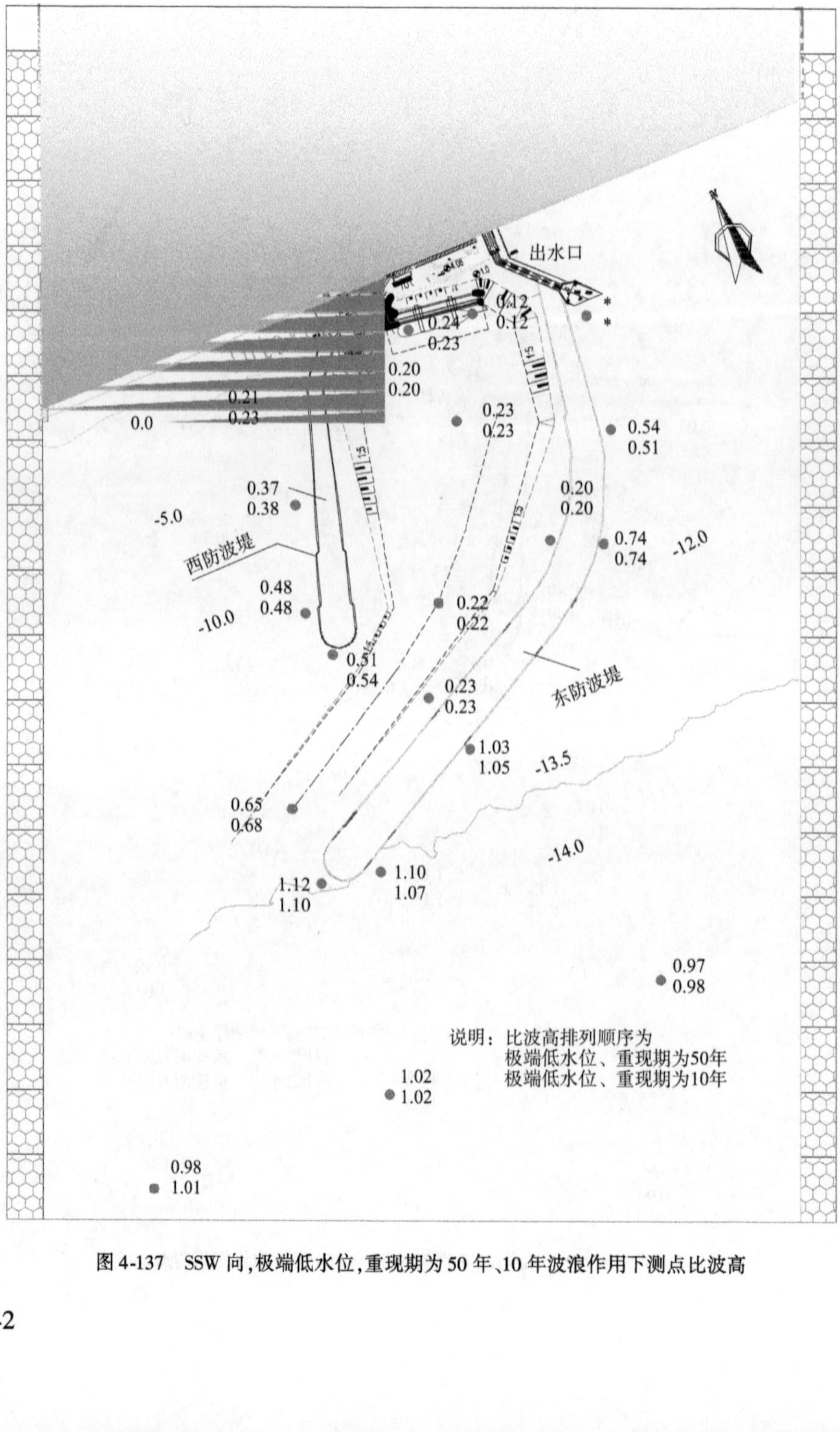

图 4-137 SSW 向，极端低水位，重现期为 50 年、10 年波浪作用下测点比波高

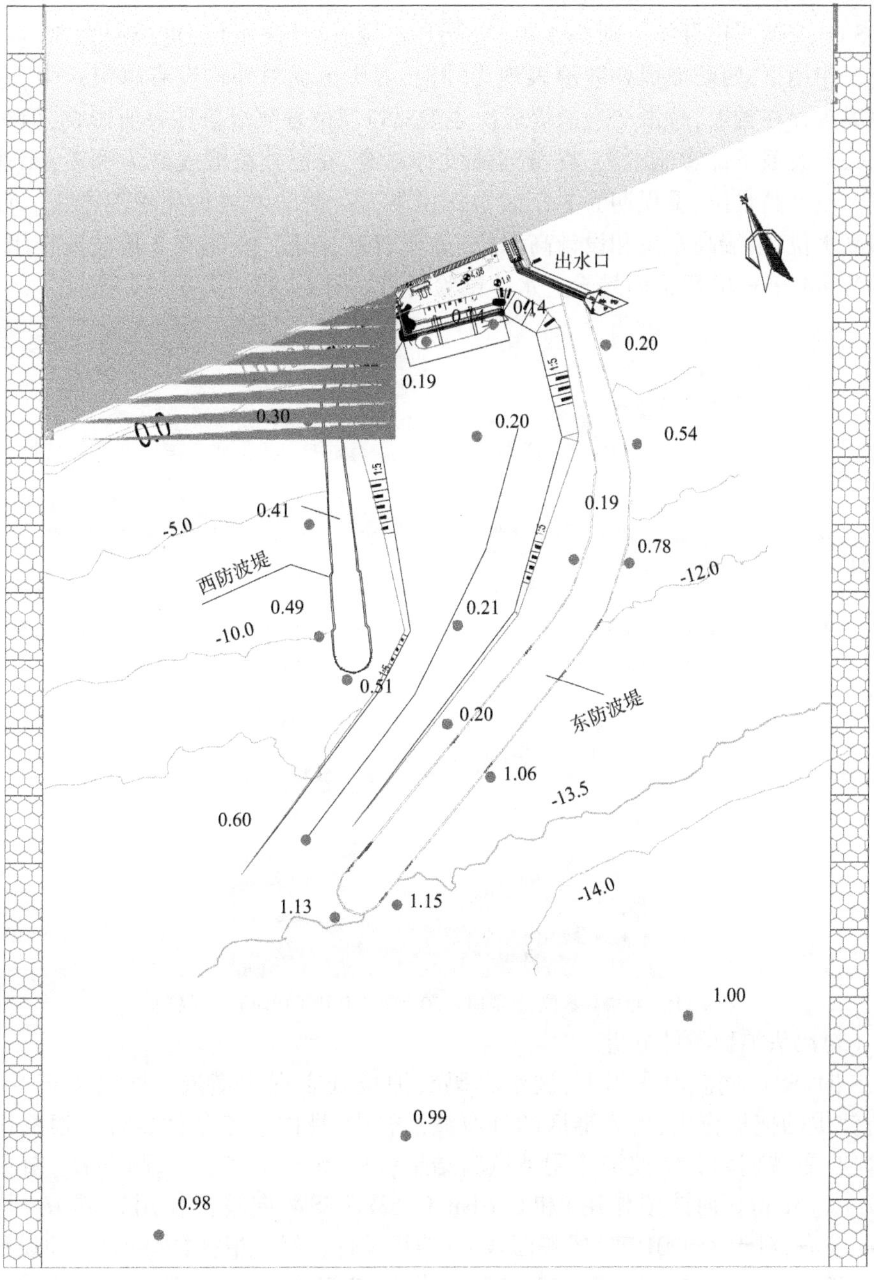

图 4-138　SSW 向、设计高水位、重现期为 2 年波浪作用下测点比波高

(2)防波堤越浪及码头上水

S向、SSW向,百年一遇高水位、极端高水位、设计高水位,重现期为50年、10年波浪作用下,西防波堤处波浪表现为顺浪,堤头至堤根处均没有越浪产生,东防波堤堤头存在越浪,越浪产生的堤后次生波对口门位置波浪条件有所影响,但对港内码头处波浪条件影响不大,堤身圆弧段有溅浪,堤根处波浪表现为顺浪,无越浪产生。设计高水位、重现期为2年波浪作用下,东、西防波堤均无越浪产生。百年一遇高水位、极端高水位和设计高水位,重现期为50年、10年和2年波浪作用下,高程为+4.08m的码头面均未上水。试验场景如图4-139~图4-141所示。

图4-139 S向、极端高水位、重现期为50年波浪作用下东防波堤越浪情况

图4-140 S向、设计高水位、重现期为50年波浪作用下东防波堤越浪情况

图4-141 极端高水位、重现期为50年波浪作用下西防波堤无越浪

(3)码头泊稳条件分析

S向、SSW向波浪作用下,波浪在码头泊位处表现为横浪。同时由于受东、西防波堤的掩护作用,传入港区的外海波浪较少,港内波浪条件良好。根据设计高水位、重现期为2年波浪作用下试验结果,码头泊位处P_{16}、P_{17}测点$H_{4\%}$分别为0.57m、0.58m(S向波浪作用)和0.61m、0.63m(SSW向波浪作用),其$H_{4\%}$均在0.6m左右,对于35000DWT船舶而言,其泊稳条件较好。根据《海港总平面设计规范》(JTS 165—2013),对于35000DWT散货船,波浪为横浪时,其允许作业波高为$H_{4\%}=1.0$m。

5)小结

(1)东、西防波堤对S向、SSW向外海来浪有较好的掩护作用,港内波浪条件较好。百年一遇高水位、重现期为50年波浪作用下,东防波堤、西防波、码头泊位、进水口和出水口最大$H_{13\%}$波高分别为7.46m、3.54m、1.59m、1.29m和1.86m。设计高水位、重现期为2年波浪作用下,进水口最大$H_{4\%}$波高为0.85m,码头泊位处最大$H_{4\%}$波高为0.63m。不同水位和重现期波浪作用下,港区比波高分布分别见各章节。

(2)百年一遇高水位、极端高水位、设计高水位,S向、SSW向,重现期为50年、10年波浪作用下,西防波堤均无越浪产生。

(3)百年一遇高水位、极端高水位、设计高水位,S向、SSW向,重现期为50年、10年波浪作用下,东防波堤堤头存在越浪,越浪产生的堤后次生波对口门位置波浪条件有所影响,但对港内码头处波浪条件影响不大,堤身圆弧段有溅浪,堤根处波浪表现为顺浪,无越浪产生。

(4)码头面高程为+4.08m时,百年一遇高水位、极端高水位、设计高水位,S向、SSW向,重现期为50年、10年和2年波浪作用下,码头均不上水。

(5)设计高水位、重现期为2年波浪作用下,码头泊位处$H_{4\%}$为0.6m左右,对于35000DWT船舶而言,其泊稳条件良好。

(6)综合港内波浪条件、码头上水和防波越浪情况分析,工程平面布置合理,防波堤和码头面顶高程也较合理。

第5章 长周期波浪条件下防波堤施工技术及应用

我国防波堤施工海域波浪周期通常在10s以下，台风来临时波浪周期增长至15～18s，非台风季节表现为良好的风浪水文条件；印度尼西亚防波堤施工常年受10～20s长周期波浪作用，且每月遭受1～3次波高在2～3.5m的大波高波浪袭击，此种状态的防波堤施工期稳定性与堤头防护成为施工的技术难点所在，因此掌握长周期波、大波高波浪对防波堤施工期的袭击破坏形态是非常重要的。本章将第3章、第4章所研究的结果，与现场实际条件相结合，重点分析恶劣水文条件下防波堤施工期稳定性，提出了一整套防波堤施工与防护技术，对今后类工程施工提供基础数据和技术指导，同样采用3个典型工程进行分别论述。

5.1 长周期波浪条件下防波堤施工技术

5.1.1 施工期波浪监测与预报技术手段

现场实测数据和收集的资料表明，印度洋印度尼西亚南岸的常年强浪环境下，长周期波浪的出现具有随机性，与潮汐表无直接和相互关系，因此无法准确预测。工程海域波浪周期的变化具有突变性，24h内波浪周期可自10s增加到20s，随之波高可以从1m突变到3.5m，波浪周期和波高的增加代表着有大波高长周期高能量的水流袭击防波堤，易造成防波堤的破坏与失稳。而由于工程所在区域往往处于不发达地区，当地未形成有效的波浪监测与预报系统。这就需要对工程区域的波浪变化规律进行深入的研究，争取做到能够预报大浪，为防波堤的提前防护提供时间，减少防波堤的破坏损失。

通过现场监测发现，印度洋印度尼西亚南岸的波浪变化具有如下规律：通常在每月阴历初一、十五前后几天波浪变化较平时剧烈，在这段时间前后几天出现强浪的概率较大；强浪来临前一般周期变化在前，波高变化在后，周期变化越大，则波浪变化越剧烈。工程所在区域虽缺少对波浪的监测，但可在某些国际网站上搜索到工程区附近的相关波浪数据。因此，通过寻找某国际冲浪网站在工程海域附近进行的风浪周期与波浪监测数据(图 5-1),与现场施工海域风浪对比,建立了一套本工程施工期波浪预测技术,结合对印度洋印度尼西亚南岸的波浪变化规律认识,可以直接指导现场施工,及时做到波浪预测与预防。

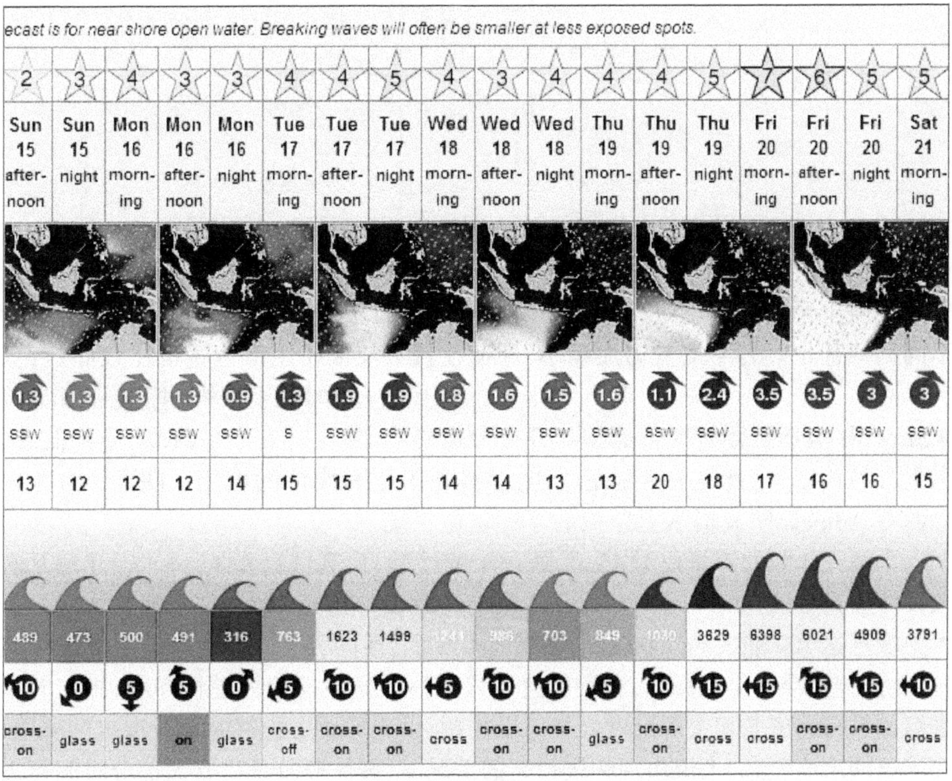

图 5-1　某次大浪来临时波浪周期及波高变化过程

本方法应用于 Adipala、Gama 等防波堤施工时的波浪预测,在 1 年的施工时间中,大浪出现不可预测的情况小于或等于 2 次。实践表明,该方法适用于印度洋印度尼西亚南岸的波浪预测,能够有效地减少防波堤的破坏,降低工程损失。

5.1.2　采用小型开体驳水上抛填施工技术手段

常规的防波堤水上抛填施工主要包括如下几个工序:块石备料装船、定位船定位、开体驳靠定位船抛石、开体驳返回码头装船、定位船移船重新定位、验收(图 5-2)。但在印度洋海域的常年强浪环境下,大型的施工船舶如大型开体驳、定位船均无法使用。通过借鉴国内港池小开体驳定位抛填的施工模式,采用浮标定位与小型开体驳联合施工的水上抛填模式,有效克服了常年强浪环境的不利影响。

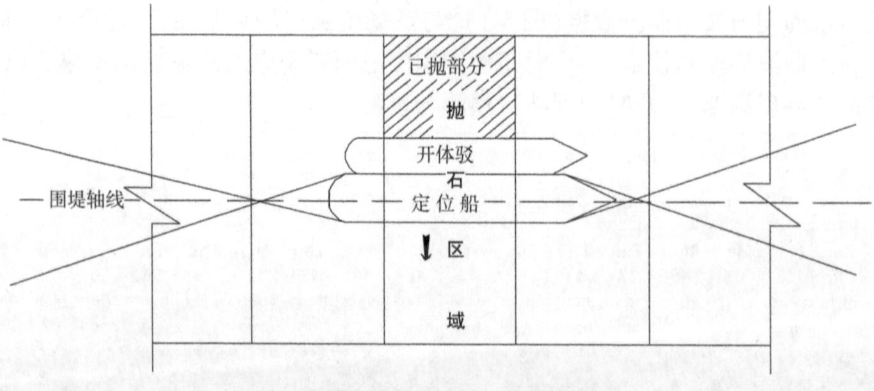

图 5-2　我国常规防波堤水上抛填示意图

浮标主要由混凝土墩、尼龙绳和竹竿组成，竹竿顶部挂不同颜色旗帜以标示不同抛填部位。竹竿的受力面积小，即使在较大波浪作用下位置也比较固定，自然状态下 2 个月不会破坏，起到了很好的辅助定位作用。且该浮标系统视觉效果好，开体驳压过浮标时不会损坏开体驳螺旋桨，施工时安全系数高，造价低廉，布置方便简单，因此在常年强浪环境下得到了较为广泛的应用。图 5-3 为印度尼西亚 Adipala 防波堤水上抛填的浮标定位系统。

小型开体驳的容量仅为 $45m^3$，通过工程检验，发现波高在 1.8m 以下（每月有效日作业天数达 70% 以上）小型开体驳均具有良好的适用性，而 4 艘开体驳日最大抛填量达 100 船次约 $4000m^3$。如图 5-4 所示，开体驳装载完成自航至需抛填区域，根据竹竿浮标定位标识，放慢航速进入开体驳抛填船位区进行卸载，施工时根据船舶航行速度及相关海况做好提前量控制，以确保块石能够抛填至指定区域内。在季风期水流较急，大浪出现频次较高的情况下，开体驳每月仍有大部分时间可以进行作业，填补了季风期陆上不能施工所带来的工期损失。

浮标定位与小型开体驳联合施工的水上抛填模式可以应用于堤心石、二片石和护底石的抛填，在常规水上抛填无法施工的常年强浪环境下，此方法极大地减缓了陆上推填压力，加快了防波堤推进速度。

5.1.3　采用分项衔接施工技术手段

根据项目特点，防波堤堤心石、垫层块石、护面块体分项工序无法向我国防波堤施工由堤心石、垫层块石、护面块体由内向外分层模式开展，在恶劣水文条件下，堤心石与垫层块石理坡要同步进行，护面块体及时跟上。做到当天推填，当天堤心石与垫层块石理坡施工，防止小波浪破坏坡面。护面块体与堤头的距离保持在 30m 以内，当确定有风浪来临时能够及时进行外侧与堤头块体防护。

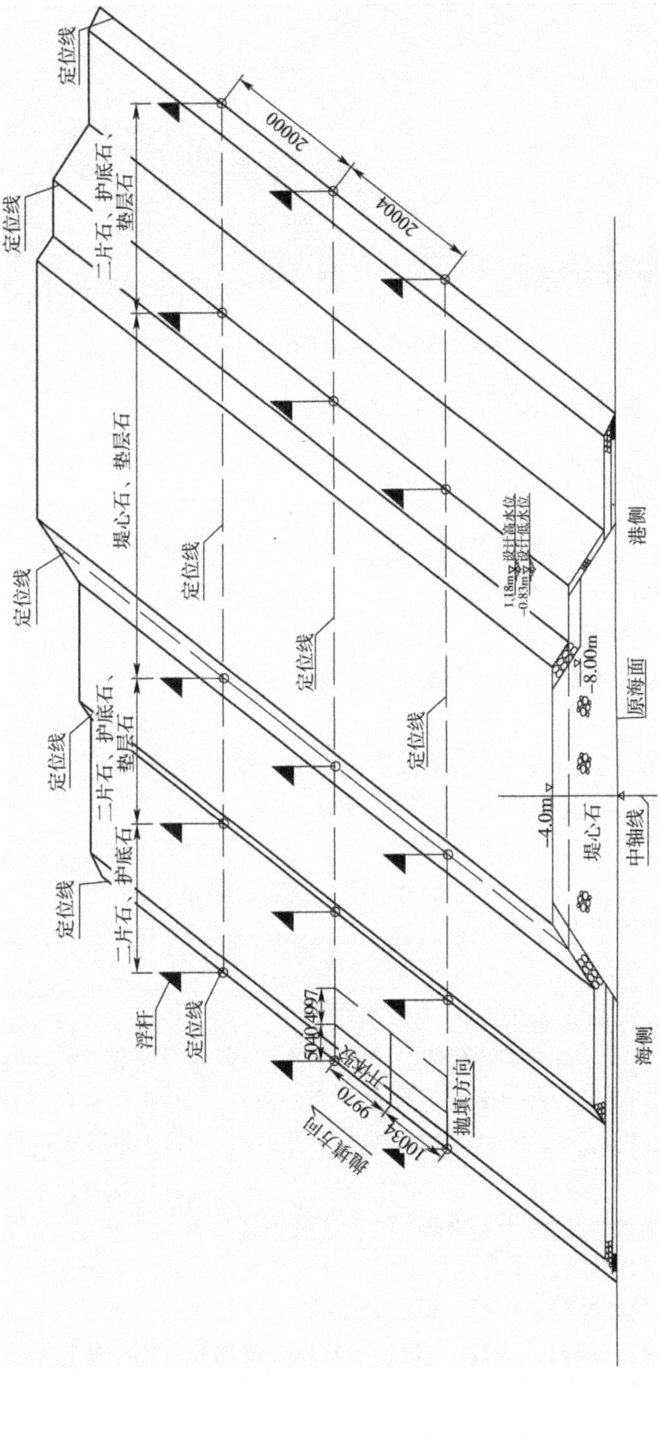

图 5-3　浮标定位系统(尺寸单位:mm)

图 5-4　小型开体驳施工方式

5.1.4　施工期堤头临时防护技术手段

(1)堤头防护频次方法

我国沿海地处西北太平洋沿岸,防波堤施工受西北太平洋热带气旋影响,其影响时间主要在7—9月,其他季节热带气旋数量明显减少且强度减弱。1945—2009年登陆我国沿海的热带气旋个数年均9.2个,形成热带风暴并对防波堤安全构成威胁的热带气旋个数年均1~3个。热带气旋的形成及发展已能够得到准确的监测,对于沿海防波堤施工能够提供足够的预警时间做好防波堤施工期防护,呈现出防护频次低等特性。

印度尼西亚地处印度洋东北侧,防波堤施工常年受印度洋季风气候影响。季风期为每年5—10月,防波堤基本无法推填施工;非季风期为每年11月至次年4月,非季风期中每月有1~3次波高在2.5~3.5m、波浪周期在18~21s的波浪袭击防波堤,施工期防波堤堤头防护频次高。相比我国防波堤施工每年受1~3次台风影响的情况,印度洋环境下防波堤施工每月受1~3次强浪影响,强浪表现出频次高、多发特征。

(2)波浪特征差异对比方法

我国沿海近岸强浪主要由热带气旋(台风)引起,多为风成浪,平时波浪周期一般在10s以下,波长较短,台风来临时台风中心的波浪周期增大至18~18.5s,海水水位受地理环境限制会产生较大增水,风成浪及潮水水位上涨形成对堤头的双重破坏。

印度尼西亚沿海受印度洋波浪影响,强浪主要由涌浪和风成浪组成,季风期外海涌浪与风成浪相互叠加,近岸水流变化剧烈,基本无法施工;非季风期波浪主要表现为外海环境变化所引起的近岸涌浪,涌浪周期一般大于10s,平均周期大于13s,最大周期达21s,波长大于180m,波高达3.5m,长周期、大波浪是堤头破坏的主因。根据 Adipala 工程 2012 年 4 月—2013 年 3 月观测站点数据，强浪周期及相应波高见表 5-1。

强浪周期及相应波高(2012 年 4 月—2013 年 3 月)　　表 5-1

统计	2012 年									2013 年		
	4 月	5 月	6 月	7 月	8 月	9 月	10 月	11 月	12 月	1 月	2 月	3 月
最大周期(s)	20	19	18	20	20	19	18	19	17	18	17	17
最大波高(m)	3.5	2.4	2.2	2.5	3	3	2.2	2.2	2.3	2.5	3.5	2.5
平均周期(s)	14.2	13.2	15	15.3	14.7	14.5	14.1	13.5	13.3	12.6	13.1	13.1

相比我国防波堤施工受短周期、风成浪为主因的波浪影响，印度洋环境的波浪表现为周期大、波长长的涌浪特征。有研究表明，当波浪周期达到 20s 时，波浪所携带的能量较为集中，不易扩散，快速推进的波浪将深深地渗透到防波堤内，易导致块体随水流力起伏而造成防波堤护面的破坏。

(3)施工期堤头防护方案比选方法

针对防波堤堤头波浪冲击的常态化和高频率，堤头防护全部采用块体将造成防护成本过高、装拆工期较长，同时堤头防护水位以下块体无法有效拆除，费用损失特别大等问题，严重制约工程进度和增加工程费用。对堤头分别采用护面块体、块石灌浆、钢桁架防护罩、钢丝网石笼不同方案，综合考虑施工工艺、工期、费用、实用性等，最后选择钢丝网石笼配合块体进行堤头防护。经现场实践，发现其表现出良好的适用性和经济性。

钢丝网石笼具有良好的透水性、柔性，较强的抗冲刷和抗风浪袭击能力。良好的透水性减轻了强浪对石笼的冲刷强度，同时减轻水流对防护结构的顶托和真空吸力；良好的柔性使石笼网受水流冲刷后网内的块石即使产生位移，变形后的石笼结构也会产生新的平衡，其整体结构可在风浪力作用下自行微调，使其断面更有效地适应波浪冲刷。经过现场实践，钢丝网石笼表现出良好的抗冲刷和抗波浪袭击能力，同时其制作工序简单、速度快、安装便易、堤头恢复施工便易，适用于强风浪高频率条件的堤头临时防护施工。

钢丝网石笼结构在高频次强风浪条件下防波堤施工期堤头防护中得到成功应用，解决了波浪较大时堤头临时防护的技术难题。

5.2 长周期波浪条件下防波堤施工技术应用

5.2.1 典型工程之一:Cilacap 电厂一期防波堤修复工程施工技术应用

1)概述

修复工程主要包括卸煤码头、进出水口、进出水口护堤和防波堤等,东侧防波堤与西侧电厂进水明渠的护堤形成环抱式布局。口门位于 -7.0m 等深线附近,由东防波堤为港内码头和水域提供泊稳掩护,并阻挡邻近河流的泥沙。工程于 2003 年底开工,2006 年底前竣工投产。本工程港区面临大海,波浪、潮流和泥沙等水动力条件复杂,东防波堤建成后受波浪、潮流的作用和冲击,堤身多处被冲开形成缺口,波浪直入港内导致码头无法正常作业,已危及码头和陆域基础设施的安全。2010 年中方承接电厂港区的泥沙淤积治理和防波堤破坏段修复等相关研究和工程建设,至 2011 年底基本完成东防波堤缺口段的紧急修复。东防波堤缺口段修复完成后,港口码头在恶劣自然环境下运行状况良好。电厂海域工程的总体布置如图 5-5 所示。

图 5-5　电厂海域工程总体布置

2)防波堤破坏原因分析

本工程防波堤自 2007 年建成后,受风浪、水流的冲击曾数次遭受不同程度的破坏,几经修复但无济于事。根据现场调查、观测和有关研究成果,初步分析主要原因如下:

(1)原防波堤设计对工程建设前、后的水动力条件变化的影响估计不足。由于电厂面对印度洋且毗邻河口,常年受较长周期波浪和水流的作用,岸滩泥沙的冲淤变化使工程实施和维护遇到很大困难。因此,设计标准选择不当、设计输入条件取值偏低,往往使工程面临更大的风险,遭遇不利工况的概率增加。原防波堤结构本身的抗风浪和抗冲刷能力较差。现场踏勘的情况表明堤身已出现扭曲,局部已被掏空。护面块体破损和防波堤断面变形的情况说明在波浪作用时护面块体出现位移并发生肢体断裂,护面块体抗浪能力大大减弱甚至完全丧失。同时由于堤前水域的底流速较大,水流从护面块体的薄弱处切入并带走泥沙,波浪将垫层和堤心块石打散使防波堤断面塌落。防波堤修复前的状况如图5-6、图5-7所示。

图5-6 防波堤修复前的状况(一)

图5-7 防波堤修复前的状况(二)

(2)原防波堤设计采用人工块体护面的斜坡堤基本可行,但在断面尺度和相应构造处理上存在明显的不妥之处。防波堤内侧无防护、堤坡肩台(或施工通道)的位置处理不当,极易受越过堤顶的波浪冲击而失稳,这在其后的物理模型试验中也等到了验证。原防波堤设计中选用美国A-JACK双层人工块体作护面,但块体构件较单薄,单个质量不足5.0t。A-JACK块体的外形较复杂,需要安放两层,上、下交叉连为一体,块体预制安装很困难。由于当地水上施工条件差、难度高,块体数量多,施工进度慢,质量不易保证。现场踏勘显示:护面块体多为断肢破坏且滚落至防波堤内侧,说明块体质量明显偏小,易在波浪作用下丧失稳定,块体结构单薄、强度不够,断肢后更丧失了抗浪能力。原设计中外坡坡脚采用堆砌的混凝土方块作为护面块体的支撑棱体,但某些部位的方块偏高,在波浪作用下容易失稳,不如将护面块体一直延伸到坡底。原设计的防波堤结构断面如图5-8所示。

根据研究单位的《境外某电厂防波堤紧急修复工程岸滩稳定与泥沙冲淤现状分析报告》,发现该段岸滩的 -6.0~0.0m 段属于侵蚀性岸滩,防波堤海底地基表层为砂性土,原防波堤断面中护底块石的保护范围过小,潮流对堤前的岸滩造成冲刷,引起堤身结构的破坏。由于电厂毗邻河口,电厂建成后岸滩附近的侵蚀加剧,河口西侧潟湖直接贯通至电厂防波堤的根部,河口径流与波浪破碎的底流合成沿堤流,对砂性土的防波堤基础造成冲刷。

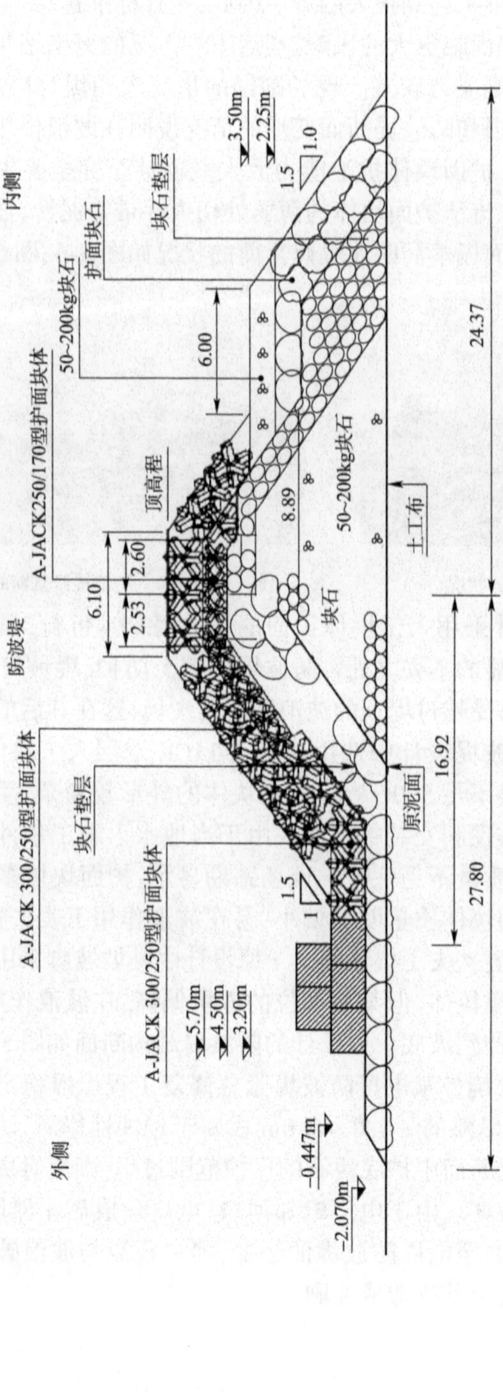

图 5-8 原设计防波堤结构断面(尺寸单位:m)

相关研究表明:堤身圆弧段和堤头部位的最大底流速大于3.0m/s。因此,本工程在防波堤坡脚前的一定范围内采取有效的防护措施至关重要。

(3)原防波堤存在明显的施工质量问题,防波堤的实际断面形式和尺度与原设计断面不符。防波堤内坡肩台以上未安装护面块体,肩台、内坡和垫层块石质量明显偏小。护面块体的混凝土强度等级不足,从块体的残肢断臂情况可明显看出预制时并未形成整体,上、下节看似"黏结",实为假象,安装咬合性能也较差,坡面不均匀,块体间破坏情况如图5-9所示。

图5-9 护面块体与块石间破坏情况

(4)电厂东防波堤从设计到施工均未进行现场地质勘探,而相距约600m的进水口地基为粉细砂,原设计并未对防波堤地基进行特殊处理。

3)防波堤修复方案提出与试验研究论证

防波堤修复方案的设计原则为:在防波堤原断面的基础上进行改造和加强,力求不留安全隐患;对破坏后的局面进行修整,尽可能利用已被破坏的护面块体,加快工期、节省费用;加强调查并开展必要的模型试验研究论证,为设计修复方案提供可靠依据;针对恶劣的自然环境、施工条件和破坏的防波堤残局,制定和采用相应的施工方法和手段;原防波堤设计前未进行地质钻探,本次修复过程中适当补充地质钻孔,以求掌握防波堤地基的性能参数,为工程设计提供依据。

(1)原防波堤设计断面的修改与完善

①本次防波堤紧急修复工程在设计上适当提高了防波堤的设计标准,在缺口段更换新型的双联块体,并根据重新推算的设计波浪,按照百年一遇高水位、50年一遇波浪作用下的块体稳定要求确定护面块体的稳定质量。经过防波堤断面模型试验的验证,采用拥有自主知识产权的双联块体,可达到安全稳定、经济合理的预期效果。

②适当加高堤顶高程,减少越过堤顶波浪对防波堤内侧护面的破坏。按基本不越浪的标准设计,将堤顶高程由 +7.4m 提高至 +8.0m,按堤顶安放 3 块“双联型”异形块体的构造要求,确定堤顶宽度为 8.0m。

③考虑施工设施布设的需要,保留防波堤内侧的平台,平台宽度由 6.0m 增加至 8.0m。采用 1.0m 厚的灌砌压浆盖顶加强内侧平台的顶部构造,防止因越浪水体直接冲刷块石棱体而造成失稳。

④为防止防波堤前水流的冲刷,加大防波堤坡脚部位护底块石的防护范围和质量,护底块石的质量由 300 ~ 500kg 增加到 400 ~ 600kg。在护底块石下增设碎石垫层,使护底结构的整体厚度由 1.0m 增加至 2.15m,护底结构的保护范围由至坡脚块体以外 3.0m,增加到至坡脚块体以外不少于 15.0m。

修复后设计断面如图 5-10 所示。

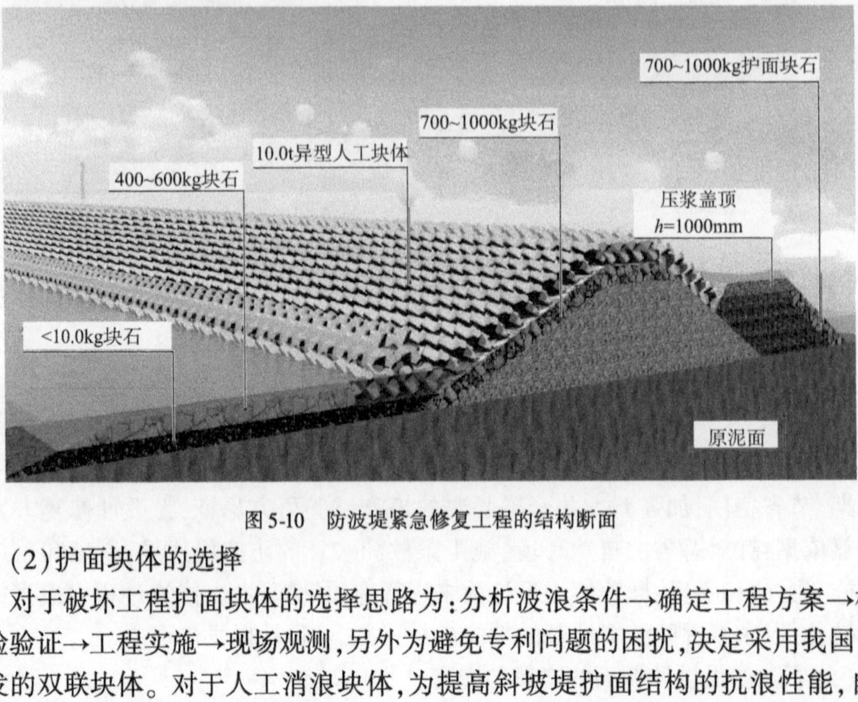

图 5-10　防波堤紧急修复工程的结构断面

(2)护面块体的选择

对于破坏工程护面块体的选择思路为:分析波浪条件→确定工程方案→模型试验验证→工程实施→现场观测,另外为避免专利问题的困扰,决定采用我国自主研发的双联块体。对于人工消浪块体,为提高斜坡堤护面结构的抗浪性能,自 20 世纪 50 年代国外已开始研究混凝土人工块体,由于人工块体与护面块石相比具有空隙率大、消波性能好、稳定性高等优点,更适于水深浪大的地区。在护面块体的研究方面,法国最早开发了四脚锥体(Tetrapod),日本研发的异型人工块体类型最多,英国、美国、荷兰和南非等国家也有相应的成果,自 20 世纪 80 年代后,各国研制的异型人工块体已多达 100 多种。

目前世界各国研制人工块体的共同出发点是注重块体相互钩联（或嵌固）的群体效能，而不是单纯依靠单个块体的自重来维持稳定。在选择护面人工块体时应兼顾外形粗壮、坚固耐久、消浪效果好、稳定性高、施工方便和经济合理等原则。人工块体大致可分为钩联咬合型和群体嵌固型两大类，钩联咬合型块体施工时多为随机安放，群体嵌固型块体施工时多要求规则铺砌。在实际工程中应用较多的护面块体主要包括四脚锥体、杜勒斯块体、三柱体、四脚空心方块、钩连块体和栅栏板等。杜勒斯块体、四脚锥体和钩连块体（扭王字块体）等均属于钩联咬合型块体，靠自身的交叉杆件和彼此间的相互钩联咬合使坡面具有一定的糙率和较高的孔隙率，以吸收和消散波浪的能量。四脚空心方块、栅栏板等块体属于规则铺砌的群体嵌固型块体，靠自身的支持及孔洞和彼此间的嵌固摩擦作用消耗和吸收波浪的能量。钩联咬合型块体的孔隙率、坡面糙率均比群体嵌固型块体要高，相比之下，钩联咬合型块体的消浪性能较好、波浪爬高较小、块体稳定性较高，但钩联咬合型块体多要求随机安放两层，而群体嵌固型块体多为单层铺砌。因此，防波堤采用钩联咬合型块体护面时，护面块体数量和安装工程量一般要高于群体嵌固型块体。综上所述，人工块体研究的方向是开发强度更高、孔隙率更大、波浪爬高更小、稳定性更高，可随机单层安放、施工更方便、造价更低廉，能与目前国内外应用较多的钩联块体（扭王字块体）相媲美的新型消浪块体。目前，“双联型”消浪块体的研发已取得较好的成果，为摆脱境内外防波堤工程中使用其他人工块体时可能存在专利侵权的困扰和今后的推广应用打下了坚实的基础。

“双联型”消浪块体的形状特征和基本性能为：“双联型”消浪块体包括3根在三维空间方向相互垂直、形状相同的柱形杆体，其中1根从垂直方向将其他2根杆件串联为一体。每根柱形杆体的断面均分为方形、矩形或圆形，两端为棱台或圆台。每根柱形杆体的各面交接处均设有便于脱模的倒角。“双联型”消浪块体的三维立体效果如图5-11所示。

图5-11　“双联型”消浪块体的三维立体效果

根据《境外某电厂防波堤紧急修复工程波浪断面物理模型试验报告》的验证结果，经综合分析后建议：在防波堤设计中双联块体的稳定系数 $K_D = 18.0$，形状系数 $c = 1.5$，块体的孔隙率 $P' = 60\%$，糙渗系数 $K_\Delta = 0.45$，块体体积 $V = 0.133h^3$。针对堤身护面块体的消波效果、斜坡堤波浪爬高、堤顶越浪量和每 $100m^2$ 安放块体个数等指标，将“双联型”护面块体与扭王字块体(b 型)进行同等条件下的对比，结果表明“双联型”护面块体的综合性能比较优越。

采用有限元分析软件 ANSYS 计算“双联型”消浪块体的强度。为了防止模型出现奇异点，需对模型中的某些部位略作简化处理。从“双联型”消浪块体的内力分析结果可知，块体的整体受力比较均匀合理，在起吊过程中块体内部没有过多的应力集中区，只在构件某些过渡段的部分区域存在应力集中，但应力值不大，今后还需进一步完善。

上述防波堤断面的修改与完善，经交通运输部天津水运工程科学研究所《境外某电厂防波堤紧急修复工程波浪断面物理模型试验报告》的论证，防波堤断面的各部位均满足稳定要求。另外，对采用新型“双联型”异型块体与常规钩连块体(“扭王字”块体)进行了同步对比试验，新型“双联型”异型块体的各项性能参数均优于扭王字(b 型)块体。

4)防波堤的施工方案

(1)人工护面块体制作

为避免专利问题，采用我国拥有自主产权的“双联型”护面块体，利用国内传统制作方式进行制作。具体如图 5-12、图 5-13 所示。

图 5-12 “双联型”人工块体模板支立

图 5-13 “双联型”护面块体预制

(2)垫层块石施工

采用载货汽车装石料运到防波堤根部，用重型挖机回填，根据填筑堤心石的长度和水深控制坡面和坡脚。采用机械筛施工垫层块石及坡脚的护底块石。在堤心石填筑 15 ~ 20m 后，用 21m 的长臂挖机配合重型挖机进行坡面整理，摆放垫层块石;然后用托盘盛放护底块石,100t 履带吊车定点吊抛护底块石,如图 5-14 所示。

图 5-14　块石抛填情况

(3)护面块体安装

护面块体采用平板汽车运输,100t 和 150t 两台大型吊机安装。遵循由远至近,从水下到水上,梅花布点的施工工艺,做到不多放、不漏放。所有块体与块体之间紧密相扣,块体与坡面紧密相连,具体如图 5-15 所示。

图 5-15　护面块体的吊运安装

5)小结

(1)本工程海区波浪条件复杂且恶劣,缺乏长期波浪观测和大范围的风浪预报资料。根据现场观察和对短期观测资料的相关分析,本海域的波浪呈现出明显的涌浪特征,传至工程区的外海风成浪均为长周期波浪,会因浅水折射在防波堤前形成波能集中,因此,在本工程防波堤的设计和施工中应关注较长周期波浪的特点和作用。

(2)通过对原防波堤破坏情况的现场踏勘和复核计算,原防波堤的设计波浪取值偏低。在恶劣环境和复杂波浪条件下的防波堤工程设计标准宜适当提高。本工程东防波堤修复方案的设计波浪均采用重现期为50年一遇水位和相应的波浪要素,用重现期为百年一遇水位和相应波浪要素进行复核。

(3)海域风浪、潮流动力较强的斜坡式防波堤应优先考虑选用能快速施工的人工块体,若采用双层、规则安放的护面块体,因施工周期长,安放质量不易保证,会直接影响护面块体的安全稳定性。本次防波堤紧急工程修复选用单层随机安放且形体粗壮的"双联型"人工块体,防波堤修复完成后使用情况良好。

(4)本工程东防波堤因波浪袭击多处遭受破坏,大量块体失稳、断裂、推移和滚落,破坏严重的圆弧堤段形成长约300m的缺口,该堤段多处于-6.0～-3.0m等深线之间的波浪破碎带内,正是受波浪、水流动力作用最强烈的堤段,原则上应予以加强。在确定护面块体的稳定质量时,既要考虑波浪破碎的影响,又要考虑长周期的影响;坡脚处理和防护时要适当考虑波浪、潮流的共同作用。

(5)东防波堤建成后圆弧段的破损除设计存在缺陷外,施工质量和监理方面的问题更为明显,如果当初完全按原设计断面施工并保证施工质量完好,应不会遭受如此严重的破坏和损失。

5.2.2 典型工程之二:Pacitan电厂防波堤工程施工技术应用

1)概述

印度尼西亚Pacitan(2×315MW)火电项目是印度尼西亚国家重点项目,建设单位为印度尼西亚国家电力公司(PLN)。该项目地处东爪哇南部海岸Pacitan地区Sudimoro区Sukorejo村,位于Pacitan市东侧约30km处。项目配套卸煤码头工程位于一弧形海湾湾顶,南临印度洋。码头工程共设置2道防波堤,分别为煤码头防波堤(以下称东防波堤)、大重件码头防波堤(以下称西防波堤)。本节主要介绍东防波堤施工情况。

印度尼西亚水上施工能力有限,较难满足施工需求。同时工程所处海域水深浪急,长年平均波高在2m以上,水上施工条件较差。设计采用陆上推进施工的抛石斜坡堤方案。

2)防波堤设计方案提出

(1)护面块体选型

针对本工程设计波高较大的特点,可供选择的护面人工块体主要有扭工字块和扭王字块。比较而言,扭工字块随机安放两层,消浪效果较佳,但混凝土用量较大;扭王字块只需安放一层,混凝土用量少,但消浪效果稍差,且扭王字块体在印度尼西亚应用时,需申请专利使用权。经技术经济比较分析,护面人工块体选择扭工字块。对于本工程所采用质量超过5t的扭工字块体,采取加粗腰杆的措施以提高自身强度。

(2)堤顶高程尺寸计算

防波堤堤顶高程,根据越浪程度的不同,分为允许越浪、允许少量越浪和基本不越浪3种标准。为降低成本而一味降低堤顶高程,不仅影响对作业水域的掩护效果,而且堤顶大量越浪会影响堤顶及内坡护面块体稳定,势必会增加人工块体的设计质量,施工设备起重能力将难以满足,由陆向海推进施工的方案亦无法实现,因此允许越浪的标准,不适于本工程。

根据《防波堤与护岸设计规范》(JTS 154—2018),允许少量越浪的标准为堤顶高程=设计高水位$+0.6\times H_{5\%}$(50年一遇)=5.71m;基本不越浪的标准为堤顶高程=设计高水位$+1.0\times H_{5\%}$(50年一遇)=8.24m。而从施工角度考虑,堤心石顶高程在施工水位下需满足基本不越浪的要求。根据工程整体物理模型试验成果报告,2年一遇S向$H_{4\%}$波高值约为2.10m。根据总工期对作业时段的要求,拟定施工水位为+0.90m,堤心石顶高程=施工水位$+H_{4\%}$=3.00m,考虑护面层厚度4.48m及块石垫层厚度1.50m,则实际堤顶高程=3.00m+4.48m+1.50m=8.98m。由此可见,按《防波堤与护岸设计规范》(JTS 154—2018)允许少量越浪和基本不越浪两种标准来确定东防波堤顶高程的方法,受施工条件所限,无法采用。

为确保施工进度,堤顶高程实际不得不提高至+8.98m,与按允许少量越浪标准确定的断面相比,每延米工程量相应提高约20%,这成为工程建设成本大幅增加的主要原因。需要指出的是,尽管堤顶高程已达到基本不越浪的标准,减小甚至消除了大浪时的波浪越顶,但在掩护水域作业天数有保证的情况下,已无实际意义。

(3)堤顶宽度尺度计算

在确定堤顶宽度时,应考虑3个因素:堤顶稳定、块体安放及施工机械作业对顶宽的要求。《防波堤与护岸设计规范》(JTS 154—2018)提出堤顶宽度可取1.10~1.25倍设计波高,且在构造上至少能随机安放3块人工块体,施工水位以上的单车道宽度不宜小于5m。$(1.10\sim1.25)\times H_{5\%}=6.32\sim7.90$(m),3块15t扭工字块体随机安放占有的顶宽约为7.60m。在堤心石顶高程已确定的条件下,堤顶宽度与堤心石顶宽直接相关。通过调查工程施工可能投入的设备,按一个工作日在深水区推进2m计(约2000m^{3}石料),依靠单车道需消耗的工时在12h以上,而依靠双车道需消耗的工时在7h以内。为保证施工进度并减小石料散失(未成型堤身极易遭施工期风浪损坏)，堤心石顶宽定为双车道宽度即7m，由此形成的堤顶宽度为10.62m。同样，堤顶宽度从约8.00m增加到10.62m，导致每延米工程量提高约5%。

(4)肩台尺度计算

东防波堤在深水区(-10~-20m)均设置了分级肩台，肩台底高程定在设计低水位以下1.5倍设计波高处，肩台以下护面采用较小人工块体。对于肩台顶宽，兼顾抗震要求，认为宜取为施工能力所允许的最大值(吊臂伸长量)，以期在坡脚遭遇液化震陷时，堤身上部仍有足够的完整性以抵抗波浪冲袭。实际采用值为4.50~5.50m。

(5)堤心块石确定

《防波堤与护岸设计规范》(JTS 154—2018)建议堤心石的质量取10~100kg，实际应用时该质量范围受诸多因素限制。虽然工程所处地东爪哇岛多为山区，但满足筑堤使用要求的石料来源并不多。同时100kg的质量上限也难以满足施工期波浪条件下石料的自身稳定要求。经现场测试，200kg以下的块石，在当地风浪作用下极易散失。为此，东防波堤堤心石质量取为10~1000kg。由于煤码头采用高桩梁板结构，通透性较好，长周期波穿透堤身传递对码头结构安全不会产生不利影响。东防波堤典型断面如图5-16所示。

3)施工方案提出

(1)施工自然条件

Pacitan电厂码头位于印度尼西亚爪洼南部海岸，主防波堤总长759m，主防波堤挡浪段水下深度为18~20m。

①潮位特征：平均大潮高潮位1.96m；平均大潮低潮位0.18m；平均海平面0.98m；最大潮差2.27m。

②波浪：本海区波浪既有风浪，也有涌浪。风浪方向一般为SE-S向，涌浪方向为SW向。由于海域开敞，面向印度洋，平常天波高亦较大，浪高达2.0~2.5m，多涌浪。防波堤外侧各等深线处设计波浪要素(SSW向、25年一遇)见表5-2。

重现期为25年、SSW向波浪条件 表5-2

等深线(m)	$H_{1\%}$(m)	$H_{5\%}$(m)	$H_{13\%}$(m)	$\bar{H}$(m)	L(m)	$\bar{T}$(s)
-20~-15	7.04	5.94	5.10	3.39	75.5	7.44
-10	6.55	5.64	4.93	3.40	67.38	7.44

③潮流：潮流流向比较散乱，基本特点为本地涨潮流向WSW向，落潮流向WNW向，海流最大垂线平均流速0.3m/s。

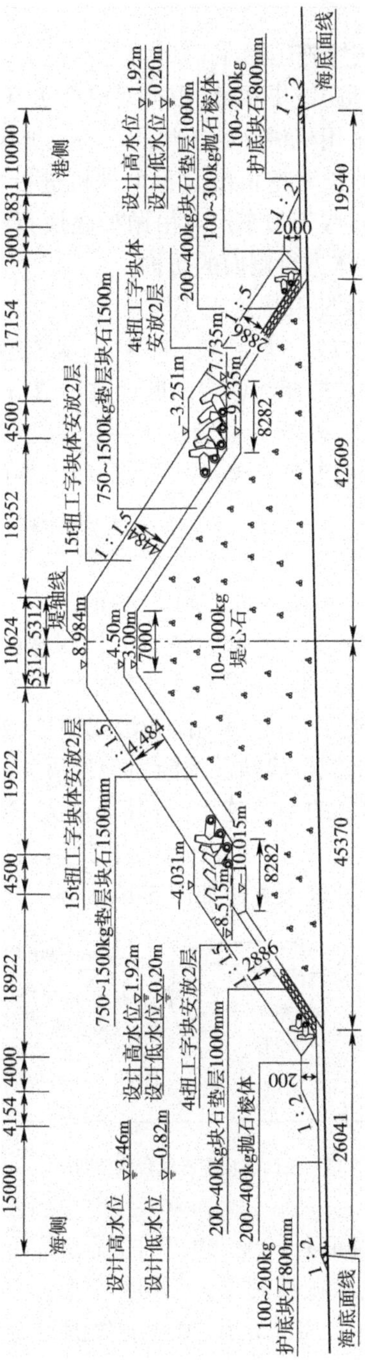

图 5-16　东防波堤典型断面(尺寸单位:mm)

(2)防波堤施工工序

①0～0+301 直线段防波堤施工工序。

采用载货汽车装石料运到防波堤根部,用重型挖机回填,根据填筑堤心石的长度和水深控制坡面和坡脚。采用机械筛施工垫层块石及坡脚的护底块石。在堤心石填筑 15～20m 后,用 21m 的长臂挖机配合重型挖机进行坡面整理,摆放垫层块石;用托盘盛放护底块石,100t 履带吊车定点吊抛护底块石;用 100t 的吊车吊装现场预制的 4t 和 8t 的扭工字块体进行侧面的防护。

②0+301～0+471 曲线段防波堤施工工序。

曲线段港侧设置戗台,外侧为一坡到底,采用“一次成型,两次削坡”的处理方法。即一次填筑成型整体大堤,按照无戗台的断面进行填石,整理外侧和内侧底部坡面,做好垫层块石、护底块石,外侧的预制扭工字块体防护。然后挖除戗台部分的石料,修整戗台以上部分断面坡度及垫层块石,最后安装内侧扭工字块体。100t 吊车无法满足此段 15t 扭工字块体抛放的距离及 4t 块体抛放的位置,换用 180t 的履带吊车安装扭工字块体。

③0+471～0+759 段深水区防波堤的施工工序。

主防波堤段(0+471～0+759)的戗台在水下比较深(在海水面以下约 8m),仍采用曲线段(0+301～0+471)的“一次成型、二次削坡”的方法已无法一次性完成其全断面施工。结合现场施工条件,采用“先形成主体,再补抛戗台”的方法分两步完成其断面施工。将深水戗台段防波堤断面分为两个部分:

a. 主体部分,采用一坡到底的填筑施工,待其全部完成后,再进行外侧坡脚部分 4t 扭工字块体吊装防护,再吊装上层 15t(20t)扭工字块防护。

b. 戗台部分的补抛施工,其施工方法如图 5-17 所示。

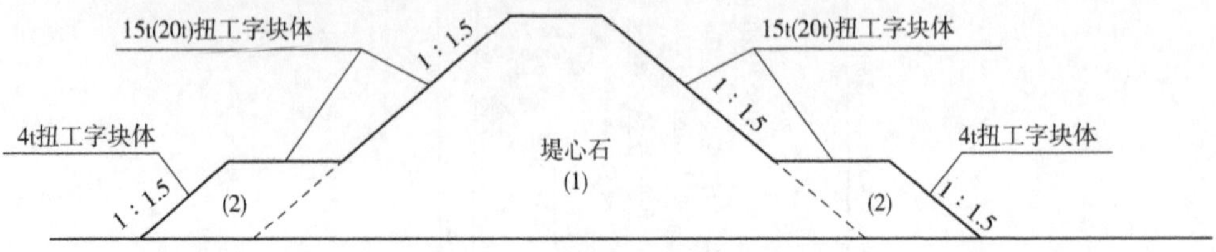

图 5-17　主防波堤深水戗台典型断面

④主体部分施工工序。

主防波堤深水戗台段(0+471～0+759.7)的堤心石回填施工时,先采用断面超宽填筑,然后将超宽部分挖除抛填到下方,并进行理坡,理坡完成后及时安放扭工字块体进行表面防护。如图 5-18 所示,填筑前先测量海床底高程,确定防波堤

填筑高度 H 值，计算出超宽宽度 X（$X=0.25H$，以保证填挖平衡）和开挖最大距离 Y（$Y=0.9H$，以确定是否在挖掘机的作用范围之内），然后按照超宽断面进行防波堤填筑。当推进到一定长度（一般成型段落以 15m 左右为宜，在大浪来临之前能完成填筑段落的护面块体安放施工）后，用挖掘机进行理坡，即将图 5-18 中后挖区填筑的石料挖除，并抛填到后填区中，使填筑断面边坡达到设计要求。理坡完成后，及时进行表面护面块体的安放工作。

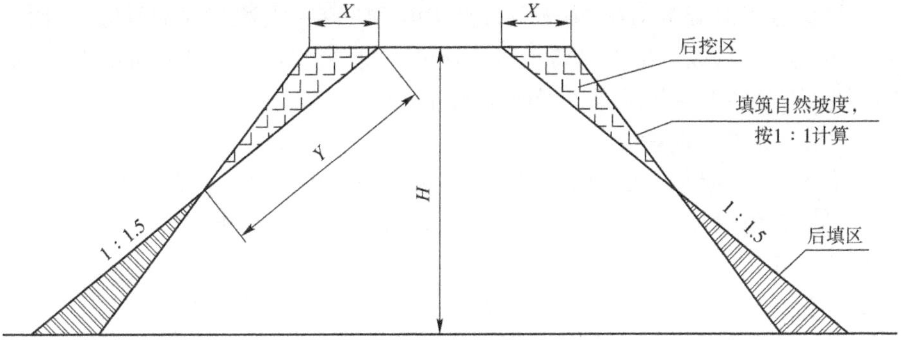

图 5-18　防波堤超宽填筑断面示意

⑤戗台部分施工工序。

主防波堤深水戗台段，分以下两道工序分别进行：

a. 主体部分断面形成后，采用陆上吊车抛石完成。

b. 部分施工。根据抛填位置的要求，通过调整吊车的臂长和竖向角度（吊臂的水平距离），确保回填石料抛填到设计断面范围内。通过控制抛填石料方量和测量原海床高程与抛填后石料顶面高程来确定施工断面的尺寸及石料厚度。对于一次性抛填的石料，根据 180t 吊车性能：其吊重 10t，安放最大水平距离为 42m。抛填块石完成后，进行上层护面块体的安装，护面块体扭工字块采用定点安装。

4）防波堤施工经验总结

（1）计划安排要适时调整

因堤心石在没有防护的情况下极容易冲毁，应灵活安排计划。留出防护堤头的时间，确保防护段落防护完成。准确的海浪预报极其重要，印度尼西亚缺乏此资料，导致施工状态下堤头被冲毁 10 次以上。

（2）增加中间施工段落端头防护

防止防波堤施工期间遇大浪损毁，采取在 0 + 535、0 + 610、0 + 660、0 + 710 等断面堤头全端面用扭工字块防护，这对保护施工成果非常重要。

(3)端头防护方式的尝试

①用钢筋网包裹堤头,然后用预制块压住。最大的难度是网片无法做得很大,现场最大做到了12m×6m。

②用钢筋笼装石料围放堤头,加工2m×2m×3m的钢筋笼。钢笼成型效率低,装石头难度大,吊放难度大。

(4)挡浪墙不宜采用

西堤修建挡浪墙结构物,由于每月月中或月末存在大浪越堤的可能,每次大浪时间为3~5天,所以可施工时间一般不超过一周,结构物立模浇筑混凝土,养护的时间不足,不是冲毁模板就是冲毁刚浇的混凝土。

(5)水上抛石和防护

从海上运石,就必须从泗水港上料,泗水港到现场一般要6天航程运输成本极大。每月有可能出现2次以上大浪且6—10月无具体的波浪规律,工地附近没有泊船码头和避风的港池,不具备海上抛石和防护施工的条件。

5)小结

设计方案的可实施性是这个项目能否顺利进行的关键。该防波堤从陆上推进施工是唯一经济可行的办法,施工状态下做堤头临时防护防止大浪破坏是最有效的办法,准确预报海浪是提前做断面堤头防护的前提。

5.2.3 典型工程之三:Adipala电厂海工防波堤工程施工技术应用

1)概述

印度尼西亚Adipala东防波堤工程为斜坡式抛石全断面扭王字块防护式结构,全长1530m,由堤根直线段、中间圆弧段和堤头直线段3部分组成,堤顶高程由堤根+5.86m过渡至堤头+8.31m,扭王字块体规格由2t变化为25t,外坡坡比为1:1.5。东防波堤施工防波堤堤顶高程按允许少量越浪设计,取值为3.50~7.28m,堤顶宽度取7.40~9.89m,斜坡坡比为1:1.5,泥面高程为-2.0~-13.51m,堤心石采用抛填10~500kg、含泥量小于10%的开山石形成,针对不同水深、波浪和断面,护面结构采用2.0~25t扭王字块体摆放一层,护面块体下设100~2300kg块石垫层及150~250kg块石护底垫层。如图5-19所示。

根据2012年4月—2013年3月波浪统计资料,波高变化范围为0.7~3.5m,波浪周期变化范围为9~21s;防波堤施工常年受印度洋季风气候影响,季风期为每年5—10月,防波堤基本无法推填施工;非季风期为每年11月至次年4月,非季风期中每月有1~3次波高在2.5~3.5m、波浪周期在18~21s的强浪袭击防波堤,施工期防波堤堤头防护频次较高。

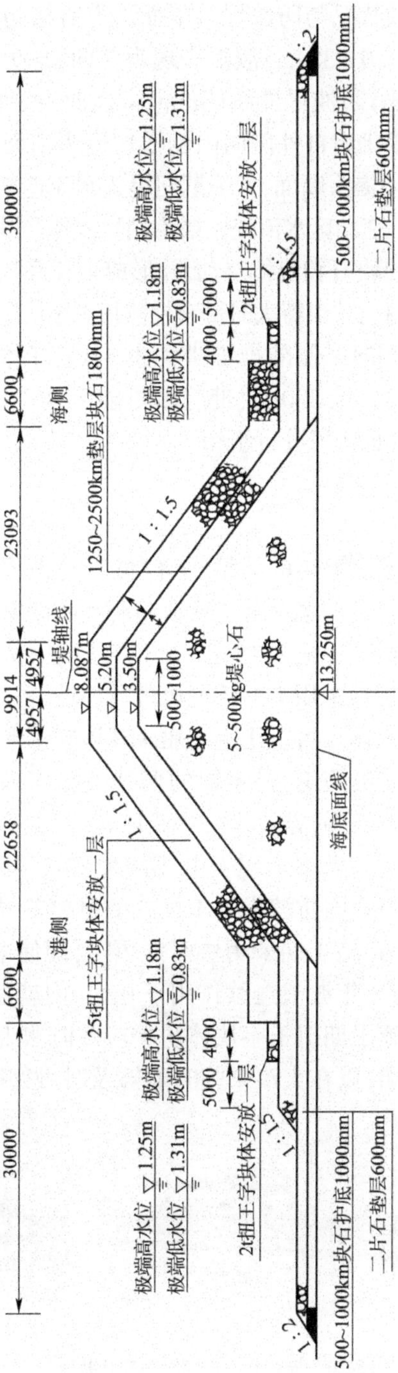

图 5-19　防波堤超宽填筑断面示意（尺寸单位：mm）

强浪冲刷防波堤堤头的状况与防波堤的平面形态直接相关,防波堤建设过程中防波堤堤根破碎段(0+000~0+383m)波浪表现为S向,与防波堤堤头断面垂直;中间圆弧段(0+383~0+800m)防波堤外海侧波浪常浪向由S向变化为SSE向,表现为波浪由与堤头断面垂直变化为自外侧向内侧横切堤头断面;堤头直线段波浪常浪向为SSE向,波浪表现为横切堤头断面,大浪期间堤头水流速度加快,现场观测堤头最大水流流速超过10m/s,水位变动区水流变化最为剧烈,对防波堤形成的冲刷破坏最严重,急速水流形成的冲击力使块石和块体浮动,并形成顶托和携带作用,从而使水位变动区堤头和内坡块石滑动漂移,波浪特大时带动外侧扭王字块随水流滑向坡底。

防波堤施工为以自岸侧向海侧陆推推进为主,小型开体驳水抛为辅进行堤身块石施工,块体安装采用150t及280t履带起重机陆上施工,按照先施工外侧至堤头、再倒退施工堤顶及内侧的顺序进行组织。

2)防波堤施工工艺

(1)施工方案提出

鉴于防波堤受印度洋风浪影响的特性,如何做好防波堤的进度管理成为制约工程总体进度的关键,施工工艺的选择与优化成为制约防波堤施工的技术难题,防波堤施工从根源上分为陆上和水上施工,结合工程位置风浪水文条件选择适宜的施工方式至关重要,对于陆上施工可采用大型挖掘机进行理坡、采用大型起重机进行护底石吊抛及块体安装;对于水上施工可采用定位船+开体驳+浮标组合进行分条施工。

此种风浪条件下的防波堤施工,最重要的两处关键点为组织小型开体驳进行水抛施工、采用石笼和块体联合的方式进行堤头防护,这是有效解决防波堤施工进度与多频次防护的施工模式。在本工程中上述两种方式得到了成功应用,这也是印度洋环境下防波堤施工与我国防波堤施工模式的重要差异。

根据物理模型试验,得到施工期采用块石推填时,即使采用800~1600kg护面块石进行理坡,在重现期为2年波浪连续作用下0.5h内就发生破坏(图5-20),以至防波堤断面失稳。所以施工期扭王字块体防护应及时跟上,缩短堤心石、垫层石施工与块体施工之间的距离,以在大浪来临时能够及时做好防护。

a)试验前断面

b)波浪作用1h

c)波浪作用24h

图5-20 堤心石断面随时间变化状况

从上述试验结果能够发现，由于堤心石在强浪作用下非常不稳定，因此印度洋强浪条件下的防波堤破坏形式也以未得到及时防护的防波堤堤头破坏为主。

(2)施工期堤头防护方案比选与优化

针对防波堤堤头波浪冲击的常态化和高频率，堤头防护全部采用块体将造成防护成本过高、装拆工期较长，同时堤头防护水位以下块体无法有效拆除、费用损失特别大等问题，严重制约工程进度和增加工程费用。经过对不同防护方案如块体防护、堤头块石灌浆、钢桁架防护罩、钢丝网石笼等的比选（表5-3），综合考虑施工工艺、工期、费用、实用性等特征，最后选择钢丝网石笼配合块体进行堤头防护，经现场实践发现其表现出良好的适用性和经济性。钢丝网石笼具有良好的透水性、柔性，较强的抗冲刷和抗风浪袭击能力。良好的透水性减轻了强浪对石笼的冲刷强度，同时减轻水流对防护结构的顶托和真空吸力；良好的柔性使石笼网受水流冲刷后网内的块石即使产生位移，变形后的石笼结构也会产生新的平衡，其整体结构可在风浪力作用下自行微调，使其断面更有效地适应波浪冲刷。经过现场实践，钢丝网石笼表现出良好的抗冲刷和抗波浪袭击能力，同时其制作工序简单、速度快、安装便易、堤头恢复施工便易，适用于强风浪高频率条件的堤头临时防护施工。

堤头防护方案比选分析 表5-3

比选项目	工艺特征描述	优缺点分析
方案一 钢丝网石笼	4m×1m×1m钢丝石笼网、钢丝直径$d=4$mm、30t平板车运输、280t起重机安放	优点：制作方便，加工简单、速度快，造价低；结构本身有良好的透水性、柔性，较强抗冲刷和抗波浪袭击能力，堤顶石笼不用拆除，恢复施工快； 缺点：耐久性差，波浪冲刷周期长时易破坏；单体质量轻，波浪大时易整体失稳；属一次性消耗品，无法重复利用
方案二 预制块体	C25混凝土、16~22t扭王字块、30t平板车运输、280t起重机安放	优点：定型构件，单体重，联锁效果好，消浪能力强，对大浪的防护效果好，安全性高； 缺点：造价高，装拆周期长
方案三 块石灌浆	C25混凝土、搅拌车运输、泵车泵送、人工振捣	优点：施工方便，速度快，整体性好，造价较低； 缺点：水位以下部分水流速度大，无法成型，只能施工水位以上部分，防护有效范围较小，易自下而上破坏
方案四 钢桁架防护罩	H350标准型钢主骨架、12槽钢支撑、4mm钢板面板制作，30t平板车运输、280t起重机安放	优点：安装速度快，整体性好； 缺点：制作周期长、受波浪冲刷变形严重，拆除困难，周转次数低，同时，对桁架基层块石平整度要求高，施工难度大，造价较高

(3)施工期堤头防护方法

根据波浪携带能量预测情况,堤头的波浪强度与波高、波周期和风速直接相关,按照现场观测数据和施工实践经验,分以下4种方式进行堤头防护的设置,具体见表5-4。

不同工况条件下施工期堤头防护措施表(非季风期)　　表5-4

工况情况	工况特征描述	施工期堤头防护措施
方式1	1000kW≤能量值<1500kW,1.5≤波高<2.0m	采用不小于1000kg垫层块石对外坡及堤头进行理坡防护,理坡高程为-5.0~+3.5m,堤头当天推进当天防护
方式2	1500kW≤能量值<2000kW,2.0≤波高<2.5m	堤头及内坡采用CAT385大型挖掘机做-5.0m戗台,采用4m×1m×1m钢丝网石笼防护堤头坡面,定时检查及补装
方式3	2000kW≤能量值<2500kW,2.5≤波高<3.0m	堤头及内坡采用CAT385大型挖掘机做-5.0m戗台,水位以下安装石笼、设置块体压脚,水位以上安装22T扭王字块体护面
方式4	能量值>2500kW,波高>3.0m	堤头及内坡采用CAT385大型挖掘机做-5.0m戗台,坡面全部安装22t扭王字块体护面

注:实践表明,石笼耐久性较差,24h内稳定性较好,若时间长则石笼破损较多,后续施工宜加以改善,采用钢筋笼装石或钢丝绳网兜装石以确保防护效果。

方式1中堤头块石基本可满足自稳条件,防波堤推进实行边推边理坡边在外坡安装预制块体防护,可不间断向前推进;

当达到方式2时,堤头的块石在波浪水流的冲刷下已不能自稳,堤头块石将向内坡漂移,此时,需在堤头及内坡20m范围施工-5.0m戗台,自戗台至坡顶的堤头和内坡采用石笼结构进行防护,过程中对破损石笼及时补装,待波浪条件达到方式1时,清除堤顶石笼继续向前推填;

当达到方式3时,水位面以下部分安装石笼破坏率高,易造成坡脚失稳,水位以上遇有瞬时大浪则整体失稳的危险性加大,无法及时补装进行防护,故要在底端设置块体压脚层,避免底脚石笼结构失稳,待达到方式1时拆除堤顶预制块体,继续向前推进;

当达到方式4即特大浪时,整个堤头范围均要采用预制块体进行围护,此种防护结构与我国台风来临前防护模式相同。

防波堤堤头采用石笼及块体防护情况如图5-21所示。

a)防波堤堤头采用石笼网防护方式

b)防波堤堤头采用人工块体防护方式

图 5-21　施工期堤头石笼及块体防护情况

(4)小型开体驳无定位驳抛填

我国防波堤施工常用到的大型船机在本海域多频次强风浪条件下不具备适用性,同时,印度洋环境下类似防波堤工程成功施工的经验数据少之又少,基本无类似工程借鉴。通过借鉴我国风浪较好条件下小型开体驳的定位船施工方式,本项目从国内加工 4 艘 $45m^3$ 柴油动力自航开体驳,通过浮标定位方式成功进行开体驳的抛填施工。

为避免每月大浪期间对开体驳停船区的冲击,在防波堤内侧修建停船避风区,所做临时围堰兼做上料码头,以实现对开体驳石料的供给。同时,采用长竹竿、尼龙绳和混凝土墩组合制作浮标定位系统,在竹竿顶部挂不同颜色旗帜以标示不同抛填部位。开体驳装载完成后自航至需抛填区域,根据竹竿浮标定位标识,放慢航速进入开体驳抛填船位区进行卸载。施工时根据船舶航行速度及相关海况做好提前量控制,以确保块石能够抛填至指定区域内。通过对本施工工艺的检验,发现波高在 1.8m 以下(每月有效日作业天数达 70% 以上)时,小型开体驳具有良好的适用性,4 艘开体驳日最大抛填量达 100 船次约 $4000m^3$,极大地减缓了陆上推填压力,加快了防波堤推进速度。

(5)不同阶段施工期强浪破坏性分析总结

防波堤的破坏形式与防波堤的推进里程密切相关。在 0 + 000 ~ 0 + 383m 里程处,强浪方向 S 向与堤头断面垂直,堤头直接遭受强浪袭击(图 5-22),堤头破坏形式表现为堤头堤心石和垫层石后退,并在水流作用下,块石堆积在内外坡,部分块石受水流冲刷滚落至外侧已安装扭王字块体表面。在 0 + 383 ~ 0 + 800m 圆弧转弯段里程处,强浪方向 SSE 向与堤头断面夹角由 45°向 - 2°渐变,堤头破坏形式表现为块石受水流作用向内坡滑移,内坡块石先失稳破坏,石头全部堆积在内坡,波浪强度大时,外坡扭王字块也随块石失稳,自外坡滑向内坡。在 0 + 800 ~ 0 + 1530m

堤头直线段里程处,强浪方向与堤头断面近乎平行,呈 -2°夹角,堤头破坏形式表现为强浪横切堤头,未采用块体防护的堤心石和垫层石自堤头逐段被强浪切削至内侧,有块体防护段的稳定性好于圆弧转弯段,防波堤外侧正面迎击强浪冲刷,但强浪期间堤顶会出现明显的越浪(图 5-23)。

图 5-22　施工期堤头垂直迎浪特征图

图 5-23　施工期堤顶越浪特征图

上述圆弧转弯段及堤头直线段堤头破坏形式均表现为当堤头达到临界失稳状况后,在很短时间内全部破坏,防波堤堤头里程一路后退,直至随水流堆积在堤身内侧的块石和块体对堤身形成支撑作用后才逐渐停止倒退,强浪所带来的破坏性非常大。

因此,对于拟建的新项目,可根据不同防波堤的施工里程及波浪方向,提前预判不同里程处的防波堤堤头破坏形式,有针对性地采取防护措施,有利于节约施工成本。根据波浪要素和防波堤平面位置的相对关系,给出不同里程的防波堤破坏形式,列于表 5-5 中。

施工期防波堤段面破坏形式分析表 表5-5

断面里程	强浪方向与堤头断面角度	堤头迎浪特征	堤头破坏特征
堤根直线段 0+000~0+383m	90°(垂直)	堤头垂直迎浪	堤心石受冲刷后退,块石堆积内外边坡
中间圆弧段 0+383~0+833m	90°→2° (垂直→平行)	由堤头垂直迎浪变化为水流横切堤头,外坡上浪	由块石内外堆积变化为石料堆积内坡,拓宽堤身
堤头直线段 0+833~0+1530m	2°(平行)	水流横切堤头,外坡上浪	自堤头底端块石、块体内移

3)小结

根据模型试验研究和现场观察,系统地分析了印度洋强浪条件下防波堤的破坏形式,结合印度洋海岸的水文特征,提炼和总结出了一套适用于印度洋强浪条件下的施工技术,主要包括如下几方面:

(1)利用工程位置某国际冲浪网站预测波浪数据与现场实测结果相结合,建立了一套直观的预测工程海域波浪变化规律的方法,为及时做好施工期堤头防护提供了时间。

(2)采用浮标定位与小型开体驳联合施工的水上抛填模式,有效克服了常年强浪环境的大型施工船舶不能施工的限制;通过缩短分项间隔确保防护效率,做到及时防护,并根据不同的工况作业环境,有针对性地提出了采用钢丝网石笼配合块体进行堤头防护的措施,最大限度地降低了堤头防护成本,提升了项目运行效益。

(3)结合工程位置波浪特点和现场施工能力,本工程提出了最大限度地减缓陆上施工压力,提高了防波堤施工速度,降低了防波堤的破坏风险,减少了防波堤施工期的防护成本,对防波堤的顺利完成起到了重要的作用。

(4)在面对印度洋环境下防波堤施工时,应充分掌握其风浪环境的规律,了解波浪特性与防波堤平面形态的相互关系,并在实践中加以校核和验证,以合理组织和策划频次较高、周期较长、波高较大波浪作用下的防波堤堤头临时防护。

第6章 长周期波浪条件下防波堤新技术开发及经济效益

6.1 防波堤施工新技术开发

针对印度洋长周期波浪条件下的防波堤建设,交通运输部天津水运工程科学研究所与相应的工程施工单位共同合作,开展了大量的试验研究工作,并开发了一系列新技术,主要包括半潜式深水施工平台、气幕式堤头防护方法和五杆型护面块体。

6.1.1 半潜式深水施工平台

半潜式深水作业平台,如图6-1所示,包括密闭式钢制浮体1、水上平台3、钢制立柱4和张力式锚泊装置。密闭式钢制浮体由六块相同的近似梯形浮体构件2两两拼接构成,为密闭式正六边形柱体,中心形成正六边形通孔;水上平台为正六边形柱体;六根钢制立柱垂直均布于可拼装密闭式钢制浮体与水上平台之间,并通过螺栓分别与可拼装密闭式钢制浮体和水上平台连接,连接点位于水上平台各边所对应三角形的中心处;张力式锚泊装置由配重块5、滑轮6、钢丝绳7和锚机8组成,滑轮固定于配重块的顶部,钢丝绳跨过滑轮,一端与密闭式钢制浮体的外侧顶点连接,另一端与水上平台顶点处的锚机连接;密闭式钢制浮体位于水面以下,其提供的浮力大于半潜式深水作业平台自身的重力。

该半潜式深水作业平台由可拼装密闭式钢制浮体、钢制立柱、水上平台和带配重的张力式锚泊装置组成,结构简单、组装方便、成本低,工作时大部分结构位于深水区,平台位于水面以上,受波浪影响小,整体稳定性好,适用于深水防波堤的水上抛填、水下整坡,船舶装卸以及货物转运等水上作业。

6.1.2 气幕式堤头临时防护措施

气幕式堤头临时防护措施是为了克服现有施工期间堤头防护措施存在的缺点和不足,提供一种气幕式防波堤防护堤头的方法。此方法消波主要通过下面几个方面来实现:一方面,在气幕的作用下,在水体表面形成两个方向相反的水平流,迎浪侧的水平流使得波浪固有的水质点轨迹运动遭到破坏,促使波浪破碎、波能衰减,导致波高减小。另一方面,气泡四周的水表面张力在消减波能方面也起到较大的作用。随着气泡的上升,表面张力加大,部分削弱了波动流体的能量。此外,原始波浪在气幕前发生部分反射,也使得越过气幕的透射波有所减小,达到消波的效果。气幕布置如图 6-2 所示,从图中可以看出,气幕式防波堤主要由压气泵 1、通气管 2 和喷气管 3 组成。喷气管可以根据实际情况放置在海底或固定在某一水深,当压气泵工作时,喷气管中就会由于压力产生大量气泡形成气幕。

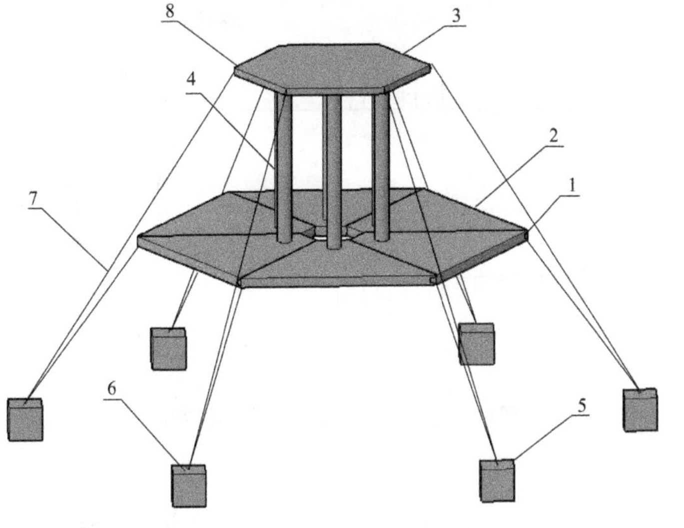

图 6-1　半潜式平台结构示意图

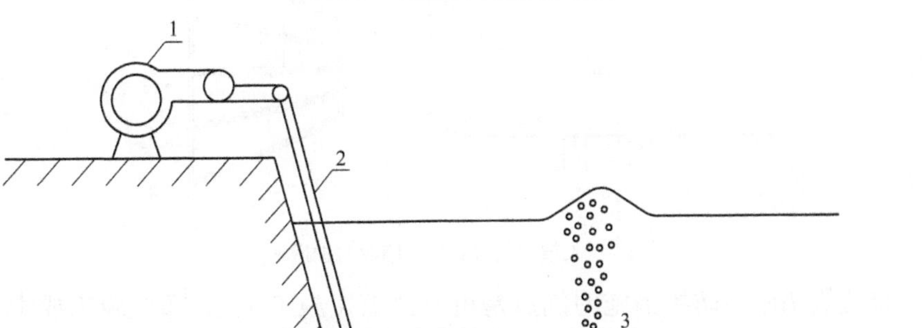

图 6-2　气幕式堤头临时防护措施气管布置图

该方法特别适用于水深较大、波浪周期适中的建港工程。该方法具有可移动，临时机动，可重复利用，不受水深和地质条件限制，不影响水流、泥沙的运动条件，质量轻，结构简单，造价低，拆卸方便，可大大加快施工速度，降低施工成本等特点。

气幕式堤头临时防护措施包括包围式和发散式两种结构形式。包围式是指在表面1开有大量小孔的喷气管，单根以圆弧状布置在施工部位外围，如图6-3所示。发散式是指几根大量开有小孔的喷气管以倒梯形形式布置在施工部位外围，倒梯形一端为通气管2，另一端为封堵管1，中间均布5根喷气管3，每根喷气管都可分别由安装在通气管上的阀门4控制，如图6-4所示。

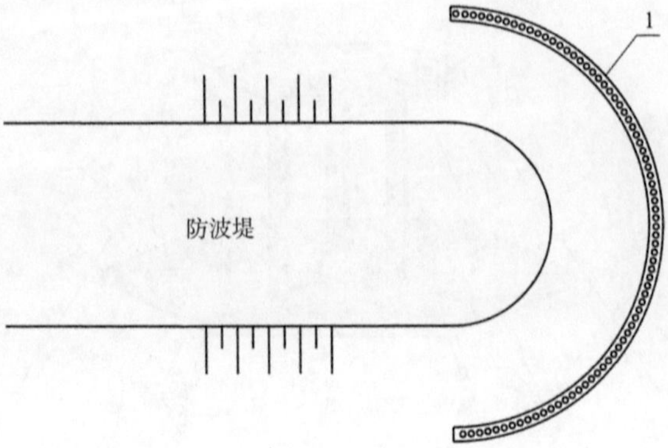

图6-3　包围式气幕式堤头临时防护措施

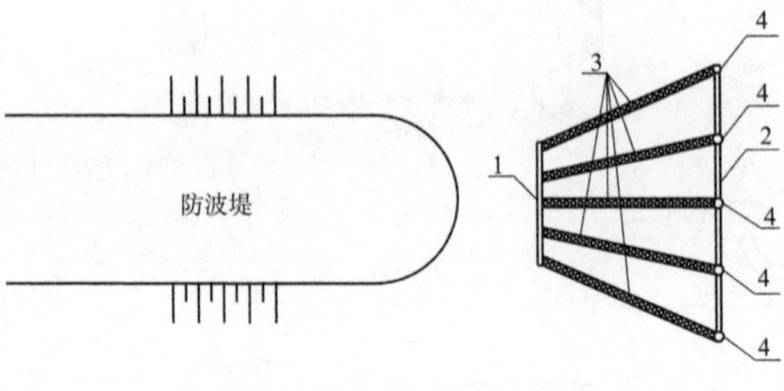

图6-4　发散式气幕式堤头临时防护措施

气幕式堤头临时防护措施的优点是可有效缩短施工工期，降低施工成本。气幕式防波堤由开有大量小孔的喷气管和压气站两部分组成。首先，开有大量小孔的喷气管加工简单，材料成本较低，结构简单；其次，由于喷气管自身断面很小，使得孔管本身所受的波浪力较小、破坏性小，使得喷气管可以重复利用，节约成本；再次，此管移动性好，拆卸方便，可大大加快施工速度。

6.1.3 五杆型护面块体

五杆型护面块体,采用坡脚棱体结构,由1根竖向杆体2和4根横向杆体1构成,4根横向杆体垂直交叉组成十字架结构,竖向杆体在十字架的一侧并与十字架垂直,十字架的另一侧为平面,竖向杆体和横向杆体肢杆的长度和厚度均为十字架长度的三分之一,竖向杆体和横向杆体肢杆的所有条边均进行倒角处理。五杆型护面块体的结构示意如图6-5所示。

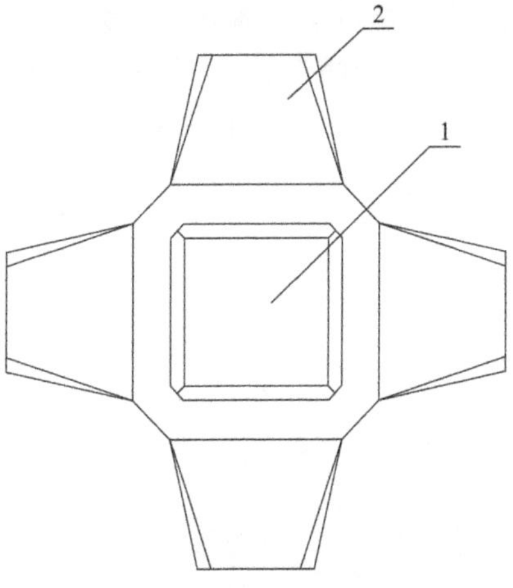

a)俯视结构示意图

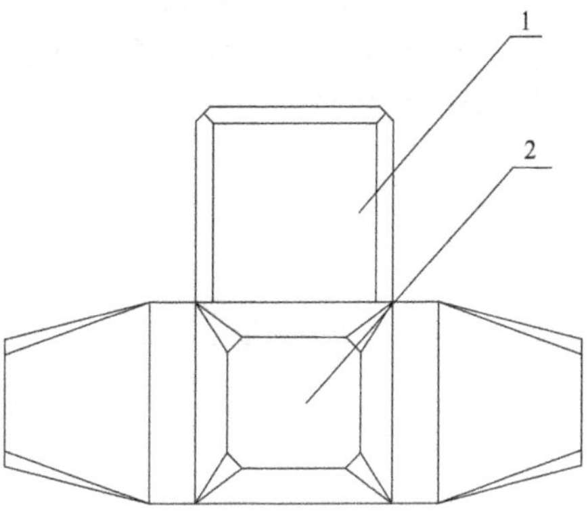

b)正视结构示意图

图6-5 五杆型护面块体

五杆型护面块体杆件都集中在中间,与传统人工块体(扭工字块体、扭工字块体)进行试验对比发现,可有效减小在波浪冲击作用下因块体间相互碰撞而导致的杆件断裂。该实用新型底部为平面,接触面积较一般护面块体大,稳定性较好,尤其适用于各类挡水建筑物的护底及防波堤平肩台的块体防护。该五杆型护面块体可直接作为人工坡脚棱体,用于护岸、防波堤堤脚防护,较传统断面采用的棱体块石较大地提高了堤脚的稳定性。选择单层铺砌的块体进行对比,该五杆型护面块体体积为 $V = 0.192h^3$,较目前应用的同类护面块体节省混凝土在5%以上。在相同体积的条件下,五杆型护面块体铺设面积大于扭王字块,节省了混凝土用量。

五杆型护面块体的主要优点是间咬合力大、稳定性高、抗波浪打击能力强,对边坡地形的适应性强,节省混凝土用量且施工方便。特别适用于外海港口防波堤、填海造陆围堤、人工岛护岸和快速成岛技术等承受深水大浪作用的各种防护性工程。

6.2 经济效益

6.2.1 在工程中采用双联块体的经济性

双联块体(图6-6)是在2000年立项开发研究的新型护面块体,多年来经过理论计算和模型试验,取得了一些成果,在2006年通过了交通部专家组的成果审查,并取得了国家实用新型专利。在典型工程一中采用的是对该块体开发研究的继续和深化,同时针对护面块体的防波堤设计断面进行了波浪模型试验,并进一步论证了块体参数,从计算理论和工程应用方面完善和深化了双联块体的开发成果。

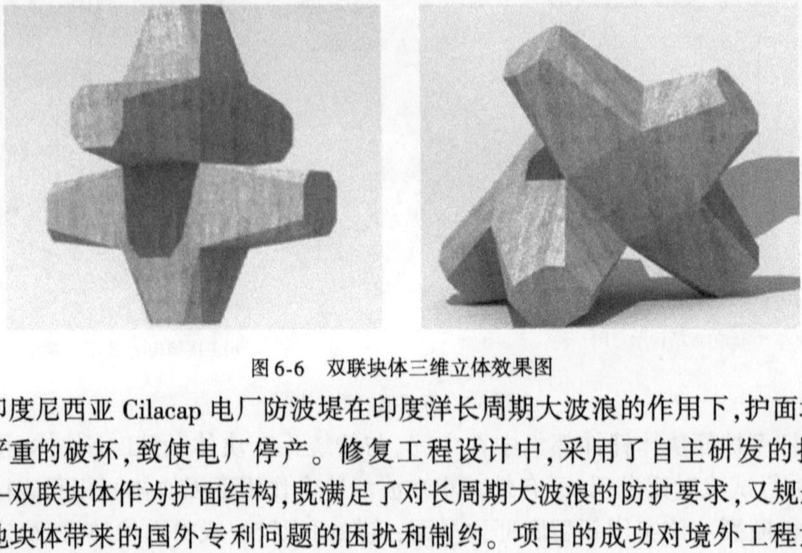

图6-6 双联块体三维立体效果图

印度尼西亚 Cilacap 电厂防波堤在印度洋长周期大波浪的作用下,护面块体遭到了严重的破坏,致使电厂停产。修复工程设计中,采用了自主研发的护面块体——双联块体作为护面结构,既满足了对长周期大波浪的防护要求,又规避了使用其他块体带来的国外专利问题的困扰和制约。项目的成功对境外工程意义重大,同时证明了该块体可以用于长周期大波浪环境下的防护工程,具有推广应用前景。

由于及时进行了紧急修复工程,防止了突发性结构破坏对电厂运营造成影响,因此经济效益体现在对建设单位经济利益的保护方面。同时因双联块体性能优越,施工方便,使工程成本降低在10%以上。目前国内外工程普遍使用的和被我国现行规范列入的人工块体,均为国外研制的块体。本工程的实施,说明对自然条件差,处于波浪大、周期长的恶劣海况的海域,采用单层、随机安放的双联人工块体是成功的,我国研制的人工护面块体进入了国外工程具有显著的社会意义。

在 Cilacap 项目中成功应用了双联块体,在以下几方面具有重要意义:

(1)在 Cilacap 项目中成功应用了我国研发的护面块体,对印度尼西亚水工建筑市场影响颇大。中国港湾工程有限责任公司通过招投标和激烈竞争,先后成功中标印度尼西亚多个滨海电站港口工程,如 Adipala 电站、西爪哇 Ratu 电站和东爪哇 Pacitan 电站,营业额超过 3 亿美元,相当于 Cilacap 工程规模的百倍以上,为企业创造了经济效益。

(2)Cilacap 电厂项目成功实施,完成了双联块体研究路线中应用于实际工程、在典型工程中验证其技术性能这一关键步骤,使双联块体具备了大规模推广应用的条件。

(3)通过配合工程进行的大量模型试验,进一步论证了双联块体的技术性能和技术参数,为将来编入规范、推广应用提供了技术支持。

本项目对双联块体的成功应用,填补了我国在人工护面块体研发应用方面的空白,打破了国外护面块体的专利垄断。

6.2.2 在工程项目采用中小型开体驳施工技术经济性

我国防波堤施工常用到的大型船机在本海域多频次强风浪条件下不具备适用性,同时,印度洋环境下类似防波堤工程成功施工的经验数据少之又少,基本无类似工程借鉴。通过借鉴我国风浪较好条件下小型开体驳的定位船施工方式,Adipala 电厂项目中自国内加工 4 艘 45m^3 柴油动力自航开体驳,通过浮标定位方式成功进行开体驳的抛填施工。

为避免每月大浪期间对开体驳停船区的冲击,在防波堤内侧修建停船避风区,所做临时围堰兼做上料码头,以实现对开体驳石料的供给。同时,采用长竹竿、尼龙绳和混凝土墩组合制作浮标定位系统,在竹竿顶部挂不同颜色旗帜以标示不同抛填部位。开体驳装载完成后自航至需抛填区域,根据竹竿浮标定位标识,放慢航速进入开体驳抛填船位区进行卸载。施工时根据船舶航行速度及相关海况做好提前量控制,以确保块石能够抛填至指定区域内。

通过对 Adipala 电厂项目施工工艺的检验,发现波高在 1.8m 以下(每月有效日作业天数达 70% 以上)时,小型开体驳具有良好的适用性,4 艘开体驳日最大抛填量达 100 船次约 4000m^3,极大地减缓了陆上推填压力,加快了防波堤推进速度(图 6-7)。

图 6-7 开体驳就位卸载

小型开体驳在此环境下表现出非常良好的适用性。在大型船舶设备不具备使用条件下的开敞式印度洋环境,小型开体驳的灵活使用为防波堤的推进创造了不可估量的价值。采用竹竿定位、小型开体驳抛填施工工艺得到了非常成功的应用。

6.2.3 长周期波浪条件下防波堤堤头防护措施技术经济性

印度尼西亚地处印度洋东北侧,防波堤施工常年受印度洋季风气候影响。季风期为每年5—10月,防波堤基本无法推填施工;非季风期为每年11月至次年4月,非季风期中每月有1~3次波高在2.5~3.5m、波浪周期在18~21s的波浪袭击防波堤,施工期防波堤堤头防护频次高。相比我国防波堤施工每年受1~3次台风影响的情况,印度洋环境下防波堤施工每月受1~3次强浪影响,强浪表现出频次高、多发特征。

针对防波堤堤头波浪冲击的常态化和高频率,堤头防护全部采用块体将造成防护成本过高、装拆工期较长,堤头防护水位以下块体无法有效拆除,费用损失特别大等问题,严重制约工程进度和增加工程费用。通过对不同防护方式如块体防护、堤头块石灌浆、钢桁架防护罩、钢丝网石笼等方案进行比较(为了进行比较,表6-1中采用了具体数据,具体应用时可根据当地实际情况进行校核),综合考虑施工工艺、工期、费用、实用性等,最后选择了钢丝网石笼配合块体进行堤头防护。经现场实践,发现其表现出良好的适用性和经济性。

堤头防护方案比选分析 表6-1

比选项目	工艺特征描述	优缺点分析
方案一 钢丝网石笼	4m×1m×1m钢丝石笼网、钢丝直径$d=4$mm、30t平板车运输、280t起重机安放	优点:制作方便,加工简单、速度快,造价低;结构本身有良好的透水性、柔性,较强抗冲刷和抗波浪袭击能力,堤顶石笼不用拆除,恢复施工快; 缺点:耐久性差,波浪冲刷周期长时易破坏;单体质量轻,波浪大时易整体失稳;属一次性消耗品,无法重复利用
方案二 预制块体	C25混凝土、16~22t扭王字块、30t平板车运输、280t起重机安放	优点:定型构件,单体重,联锁效果好,消浪能力强,对大浪的防护效果好,安全性高; 缺点:造价高,装拆周期长
方案三 块石灌浆	C25混凝土、搅拌车运输、泵车泵送、人工振捣	优点:施工方便,速度快,整体性好,造价较低; 缺点:水位以下部分水流速度大,无法成型,只能施工水位以上部分,防护有效范围较小,易自下而上破坏

续上表

比选项目	工艺特征描述	优缺点分析
方案四 钢桁架防护罩	H350标准型钢主骨架、12槽钢支撑、4mm钢板面板制作，30t平板车运输、280t起重机安放	优点：安装速度快，整体性好； 缺点：制作周期长、受波浪冲刷变形严重，拆除困难，周转次数低，同时，对桁架基层块石平整度要求高，施工难度大，造价较高

钢丝网石笼具有良好的透水性、柔性，较强的抗冲刷和抗风浪袭击能力。良好的透水性减轻了强浪对石笼的冲刷强度，同时减轻水流对防护结构的顶托和真空吸力；良好的柔性使石笼网受水流冲刷后网内的块石即使产生位移，变形后的石笼结构也会产生新的平衡，其整体结构可在风浪力作用下自行微调，使其断面更有效地适应波浪冲刷。经过现场实践，钢丝网石笼表现出良好的抗冲刷和抗波浪袭击能力，同时其制作工序简单、速度快、安装便易、堤头恢复施工便易，适用于强风浪高频率条件的堤头临时防护施工。

钢丝网石笼结构在高频次强风浪条件下防波堤施工期堤头防护中得到成功应用，解决了波浪较大时堤头临时防护的技术难题。

根据本工程的施工实践，针对施工期堤头不同风浪条件下的波浪状况，将其分为不同的工况作业环境，有针对性地提出不同的堤头临时防护方案，使堤头防护措施明确化，能够最大限度地降低堤头防护成本，提升项目运行效益。

6.3 本章小结

(1)新施工技术

本章介绍的印度洋强浪条件下防波堤建设新技术是现有技术体系的完善和补充。其中，半潜式深水施工平台主要与小型开体驳水上抛填相配合，一方面起到抛填辅助定位的作用，另一方面，利用半潜式深水施工平台的施工机具开展水下整坡等辅助工作，有利于提高印度洋强浪条件下的防波堤施工速度。气幕式堤头临时防护措施是一种临时机动、可重复利用、不受水深和地质条件限制的快速堤头防护措施，作为现有的钢丝石笼与护面块体结合的堤头防护措施的补充，有助于进一步降低施工期临时防护的成本，提高施工效率。五杆型护面块体是一种适用于坡脚和肩台防护的护面块体，该块体的应用可有效解决坡脚和肩台块体易流失的问题，且该块体施工安装方便快捷，有利于加快防波堤的施工速度。

(2)经济效益

①双联块体作为护面结构,既满足了对长周期大波浪的防护要求,又规避了使用其他块体带来的国外专利问题的困扰和制约。项目的成功对境外工程意义重大,同时证明了该块体可以用于长周期大波浪环境下的防护工程,具有推广应用前景。

②小型开体驳在此环境下表现出非常良好的适用性。在大型船舶设备不具备使用条件下的开敞式印度洋环境,小型开体驳的灵活使用为防波堤的推进创造了不可估量的价值。采用竹竿定位、小型开体驳抛填施工工艺得到了非常成功的应用。

③提出不同的堤头临时防护方案,使用钢丝网石笼结构在高频次强风浪条件下防波堤施工期堤头防护,能够最大限度地降低堤头防护成本,提升项目运行效益。

第7章　结论与展望

7.1　结　　论

通过对长周期波浪条件涉外电厂防波堤建设技术进行总结与分析，得到了适用于特殊环境下的一整套防波堤建设技术，涉及科研、设计和施工等多方面内容。该技术可行、实用、经济，技术内容丰富，创新性强，有着很高的推广应用价值，形成的主要结论如下：

(1)通过对工程自然条件资料进行收集和实测分析，较系统研究了印度尼西亚南岸的水文气象条件和泥沙运移特征，掌握了工程位置潮汐和潮流特征、波浪年分布规律以及泥沙来源与运动特征。

(2)利用美国 Unisys Weather 网站台风资料数据和欧洲中长期后报资料风场数据，再利用 MIKE 软件 BW 模块，对工程位置外海波浪和工程位置波浪进行推算的数值模拟技术，为防波堤、码头、进出水口及护岸提供了设计波浪，校核了码头泊稳条件，优化了防波堤口门位置、防波堤长度及港区布置。

(3)采用波浪水槽断面物理模型试验和港池整体波浪物理模型试验技术，结合 EPC 项目施工经验，对防波堤初始设计断面进行调整优化，提出了防波堤护底块体+块石组合方案，极大提高了最外层块体稳定性，从而确保底脚稳定和堤身稳定；内坡采取灌砌石结构方案，可确保极端水位时越浪对内坡冲刷；护面块体采用单层随机安放粗壮的双联块体方案，不仅规避了使用其他块体带来的国外专利问题的困扰和制约，同时避免了块体断支的风险，加强了防波堤稳定性。

(4)根据印度洋常年长周期强浪的特殊条件，提出了设计方法和施工工艺，提出了一整套适用于印度洋强浪条件下的防波堤设计施工新方法，包括主要设计控制点、断面物理模型优化、强浪下水上抛填、防波堤堤头临时防护等。

(5)基于研究成果和现场施工实际环境，提出了半潜式深水施工平台、气幕式堤头临时防护措施和五杆型新型块体的新技术。

7.2 展　　望

本书总结的研究成果均在依托工程及相关类似工程中得到了应用，随着我国海外建港项目的增多，面向印度洋、大西洋等长周期涌浪控制下的防波堤建设技术问题越来越普遍，因此本项目的成果具有非常广阔的应用前景。但对于长周期涌浪问题，由于我国类似问题相对较少，未来还需进行如下相关工作。

(1)进一步摸清涌浪的特性，加强现场观测与基础资料的搜集，重视实测数据的整理与分析，深化涌浪控制海域的水动力特性、泥沙环境、动力地貌等基本理论研究，开展对水、沙动力的综合研究，深化波浪数值模拟理论研究技术。

(2)回访已建成的、跟踪在建的港口工程实例，在此基础上建立完整的预报结果和原型观测数据库，调整与优化现有计算模型参数和物理模型试验模拟方法，改进防波堤施工技术，进一步完善防波堤建设技术。

(3)在港口工程建设后，长周期强浪条件引起的问题，包括长周期波浪透射防波堤后，透射波引起的港内振荡对船舶航行、停泊条件的影响等。

参考文献

[1] 王志轩. 中外电力工业发展比较(三)[N]. 中国能源报,2010-6-28(第18版).

[2] 戴春宁. 中国对外投资项目案例分析[M]. 北京:清华大学出版社,2009.

[3] 闻斌,刘俊. 海浪数值模式研究回顾与进展[J],海洋预报,2006,23(4):76-81.

[4] 戈龙仔,刘海源,栾英妮. 海堤前特殊地形对护面块体稳定性影响及对策[J]. 水道港口,2014(2):125-129.

[5] 白帆. 面向东南亚的境外电力投资问题研究[J]. 云南大学学报,2010.

[6] 戈龙仔,高峰. 新型消浪块体在防波堤断面上坡度确定的试验研究[J]. 水道港口,2015(6):486-489.

[7] 陈汉宝,戈龙仔,王美茹,等. 双联块体稳定性试验研究及参数测定[J]. 水运工程,2013(6):20-23.

[8] 管长龙. 我国海浪理论及预报研究的回顾与展望[J]. 青岛海洋大学学报,2000,30(4):549-556.

[9] 陈汉宝,郑宝友. 中国海岸波浪特征与建港条件研究[J]. 港工技术,2005(3):1-3.

[10] 陈汉宝,张先武,高峰. 印度尼西亚 ADIPALA 海岸水文与泥沙条件分析[J]. 水道港口,2013,34(5):369-375.

[11] 周加杰,罗春艳,钟少杰,等. 印尼 adipala 防波堤水文特性分析及施工技术[J]. 水运工程,2013,480(6):186-189.

[12] 隋世峰. 台风波浪数值预报的 CHGS 法[J]. 热带海洋,1998,7(4):9-17.

[13] 杨春成,戴明瑞,高志华,等. 一种台风浪的数值预报方法[J]. 海洋学报(中文版),1996(01).

[14] 周加杰,罗春艳,靳克,等. 长周期波作用下斜坡式防波堤稳定性及施工分析[J]. 中国港湾建设,2013(5):21-24.

[15] 刘学勇. MIKE21 谱模型在台风浪数值模拟中的应用[J]. 水运工程,2010,9(445):7-10.

[16] 周加杰,曹兵,李汉渤. 印尼爪哇岛面临印度洋海域波浪特性及防波堤施工技术分析[J]. 中国港湾建设,2014(4).

[17] 曹兵,靳克,周加杰. 印尼 Adipala 防波堤施工期波浪与堤头防护分析[J]. 水运工程,2014(1):188-191.

[18] Bao C H, et al. Experiment study on overtopping of sloping breakwater by swell

[C]//Proceedings of the 7th International Conference on Asian and Pacific Coasts, Bali, Indonesia, 2013.

[19] 付旭辉,李义天,杨胜发,等. 大比降卵砾石河流钢丝石笼防冲性能试验[J]. 武汉大学学报(工学版),2010,43(4):419-422.

[20] 戴鹏,李鑫. 斜坡式防波堤中抛石施工工艺及质量控制[J]. 中国水运月刊,2014,14(7).

[21] 刘金芳,俞慕耕. 北印度洋风浪场特点及最佳航线分析[J]. 热带海洋学报,1998(1):17-25.

[22] 刘庆志. 印尼 PACITAN 电厂东防波堤设计简介[J]. 湖南交通科技,2010(4):114-117.

[23] 王美茹,谢善文,郭科,等. 新型消浪块体的开发与研究土木工程与高新技术:中国土木工程学会第十届年会论文集[C]. 北京:中国土木工程学会,2002.

[24] 柳玉良,王海峰,卢燕. 波浪周期对防波堤护面块体稳定性影响的试验分析[J]. 海岸工程,2012,31(3):9-14.

[25] 杨会利,许磊磊,陈汉宝. 涌浪对防波堤稳定性影响的试验研究[J]. 水运工程,2016(4):78-82.

[26] 中华人民共和国行业标准. 防波堤与护岸设计规范:JTS 154—2018[S]. 北京:人民交通出版社股份有限公司,2018.

[27] 中华人民共和国行业标准. 港口与航道水文规范:JTS 145—2015[S]. 北京:人民交通出版社股份有限公司,2016.

[28] 中华人民共和国行业标准. 波浪模型试验规程:JTJ/T 234—2001[S]. 北京:人民交通出版社,2002.

[29] 俞聿修. 随机波浪及其工程应用[M]. 大连:大连理工大学出版社,2003.

[30] 交通部第一航务工程勘察设计院. 海港工程设计手册[M]. 北京:人民交通出版社,1994.

[31] 左其华. 水波相似与模拟[M]. 北京:海洋出版社,2006.

[32] 朱成. 印尼巴齐丹码头防波堤施工[J]. 科技资讯,2010(11):111-112.